JN136068

シリーズ「遺跡を学ぶ」136

サヌカイトに魅せられた旧石器人

二上山北麓遺跡群

佐藤良二

新泉社

サヌカイトに魅せられた旧石器人

―二上山北麓遺跡群―

佐藤良二

【目次】

編集委員
勅使河原彰（代表）
小野　昭
小野正敏
石川日出志
小澤　毅
佐々木憲一

装　幀　新谷雅宣
本文図版　松澤利絵

第1章　二上山発掘調査秘話

1　二上山北麓への注目

奈良県と大阪府の府県境に標高五一七メートルの雄岳《おだけ》と四七四・一メートルの雌岳《めだけ》の二峰がたおやかな姿態をみせている山、二上山《にじょうさん》（**図1**）。奈良時代に編纂された歌集『万葉集』にも「ふたかみやま」として詠われている。

この山の麓にある春日山《かすがやま》（標高二五二メートル、**図2**）から生成した「サヌカイト」という火山岩は、三万年前より以前から、日本列島の始原文化である旧石器時代の人びとが着目し、それ以来、弥生時代まで連綿と打製石器の石材として活用されてきた。

近年、この考古学的事実は広く知られるようになり、なかでも二上山北麓遺跡群は、旧石器時代の遺跡として著名となってきた。しかし、一九六五年刊行の『日本の考古学I　先土器時代』（河出書房）のなかでは、近畿地方（二府四県）の旧石器時代の遺跡は大阪府藤井寺市の国府《こう》遺跡をはじめ九カ所しか記載がなく、一九七〇年代前半まで近畿地方の旧石器時代研究はきわめて低調であった。現在では高等学校の歴史学習で「縄文時代」のなかにサヌカイトが登場し、また考古学関連の博物館でサヌカイトを使った石器づくりの体験学習もおこなわれるようになってきた。

このように広く知られるきっかけが、一九七四年に刊行された『ふたがみ』（同志社大学旧石器文化談話会編、学生社刊、**図3**）だ。それまでも近畿地方の縄文時代や弥生時代の遺跡からはふつうにサヌカイト製の打製石器が出土し、二上山麓はサ

図1 ● 二上山（北東から望む）
香芝市の千股池（ちまたいけ）から撮影。右手の峰が雄岳、左奥の峰が雌岳。手前が奈良県側、むこう側が大阪府。雄岳の右手のゆるやかな裾野あたりに二上山北麓遺跡群がひろがる。

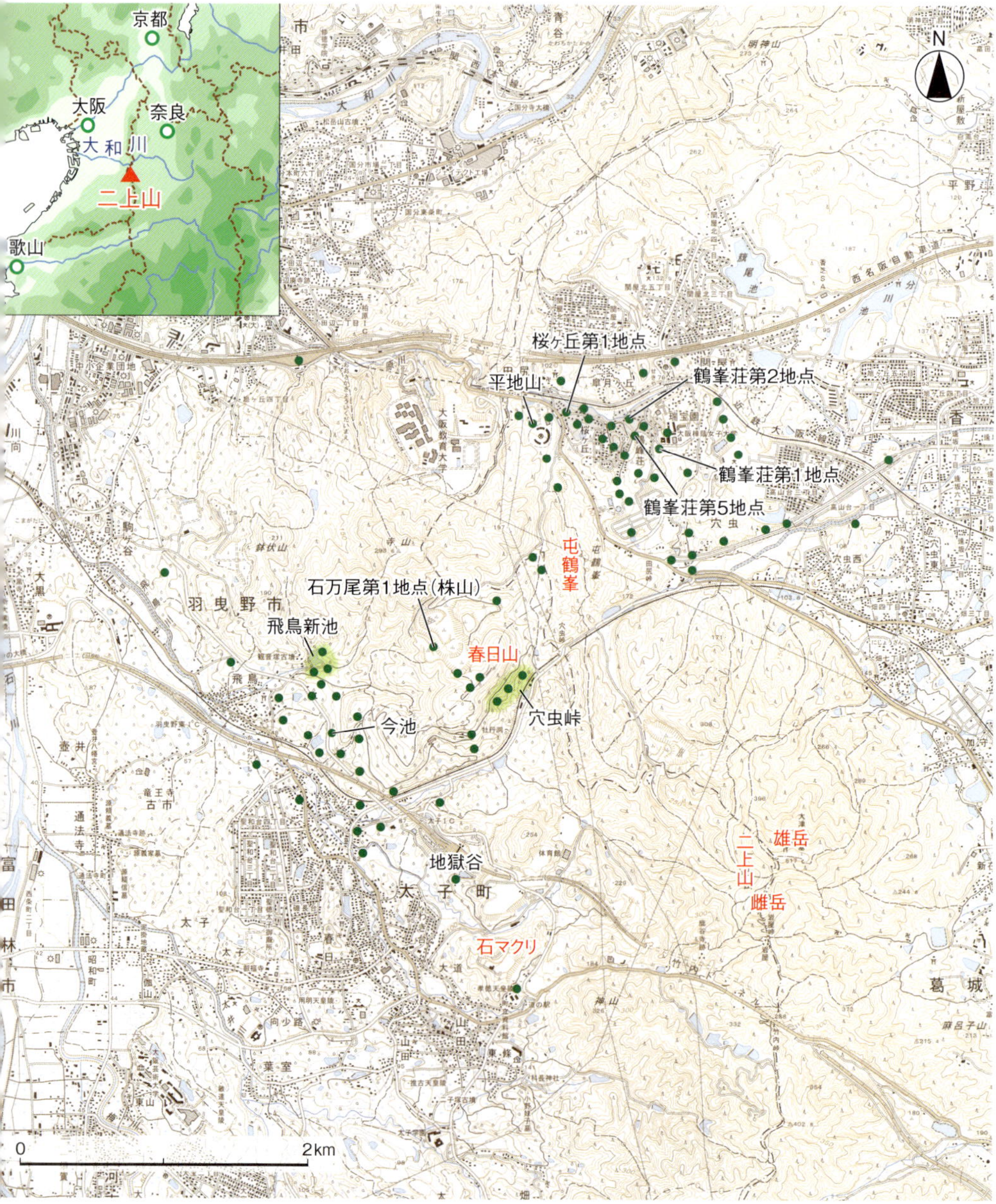

図2● 二上山北麓遺跡群の遺跡分布
二上山の北麓〜西麓にかけて旧石器時代〜
縄文・弥生時代の石器工房が分布する。

ヌカイト石材の〝採取地〟とみなされてきてはいた（**図4**）。このような学界の認識を切りくずし、旧石器時代から弥生時代にかけて二上山麓で、たんに原石を採集するだけでなく石器の製作がおこなわれていた実態を解明し、近畿旧石器文化研究のエポックメイキングとなった書である。

筆者が、この『ふたがみ』の執筆・編集の中心人物であった松藤和人（現・同志社大学名誉教授）の〝門〟を叩いたのは一九七五年九月のこと、二上山北麓遺跡群の桜ヶ丘第一地点遺跡の第一次発掘調査現場であった（**図5**）。

当時すでに近畿地方の旧石器時代研究を牽引していた松藤は、『ふたがみ』で世に問うた石器工房地という問題提起を検証すべく、刊行の翌年、発掘調査を計画したのだった。

しかし、同志社大学大学院の博士課程の院生であった松藤や同じく柳田俊雄（現・東北大学名誉教授）も大学院生であり、発掘調査には金銭的スポンサーが必要だった。検証すべくねらいを定めた桜ヶ丘第一地点遺跡が奈良県内にあることから、奈良県立橿原考古学研究所の学術調査としてもらおうと、当時、同研究所の調査課長であった石野博信（元・

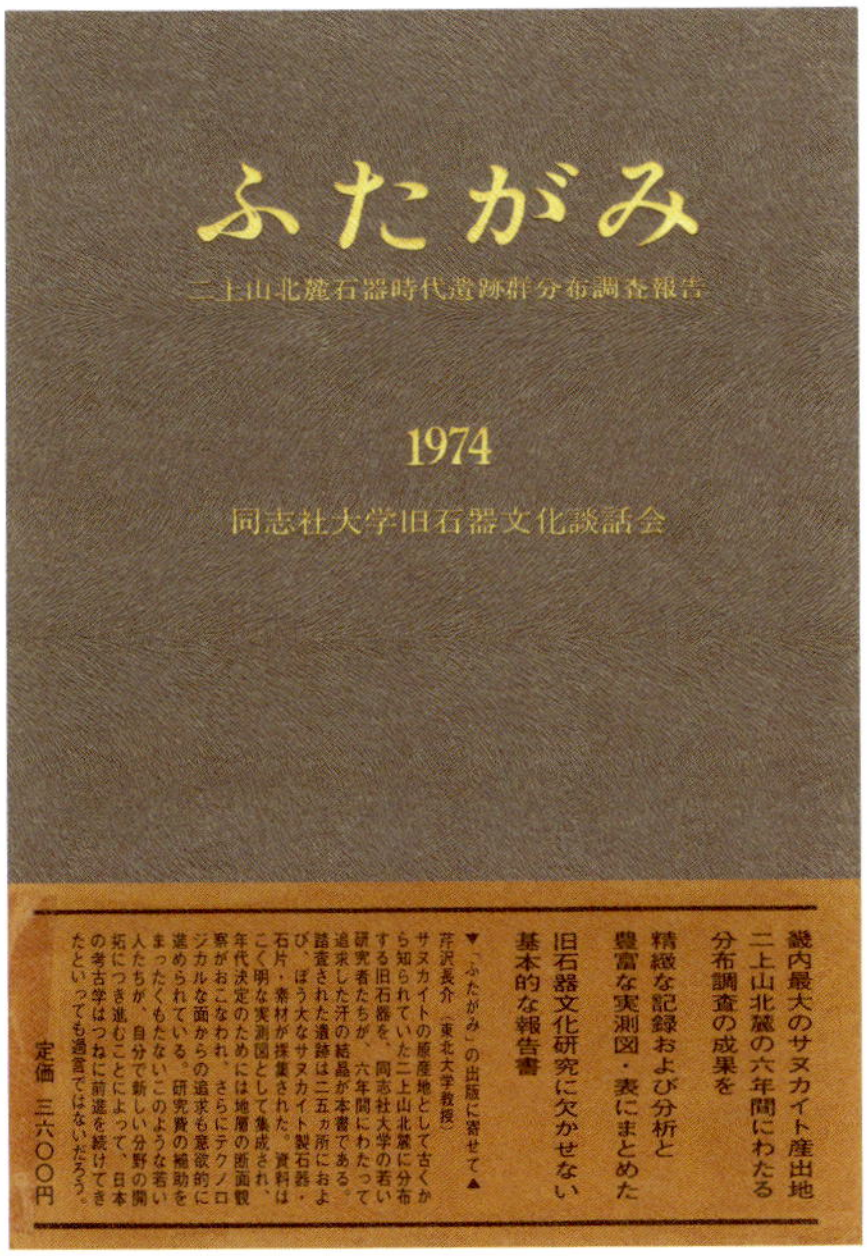

図3 ● 『ふたがみ』初版本
本書の研究編に収録されている松藤の「瀬戸内技法の再検討」は学界に一石を投じた。

香芝《かしば》市二上山博物館館長）に交渉した。

石野が問う。

「その遺跡の学術的価値は？」

松藤が答える。

「古墳にたとえれば応神陵古墳クラスです」

全国第二位の墳丘長を誇る応神陵古墳（誉田《こんだ》御廟山《ごびょうやま》古墳）といわれればしかたがない、と石野は快諾した。そして、橿原考古学研究所の所員であった堀田啓一（元・高野山大学教授／橿原考古学研究所特別指導研究員）が調査団長に就き、苦労して工面された数十万円を調査資金として、発掘調査は実現したのだった。

図4●唐古・鍵遺跡（奈良県田原本町）**出土のサヌカイト礫と石器**
唐古・鍵遺跡は弥生時代の遺跡（国指定史跡）で、上段のサヌカイト礫5点は、直線距離で10km以上離れた二上山麓から運び込まれた。下段はサヌカイトでつくられた弥生時代の石器。

一九七五年九月二六日から、遺跡の東約一〇〇メートルにある地元の公民館を借りて合宿しながら、三週間ばかりの発掘調査がはじまった。朝晩は自炊、昼は一人一五〇円まで（と記憶）の外食で、大食漢の学生時代、いつも腹を空かしての発掘作業だった。

　この発掘以来、筆者はサヌカイトに魅せられつづけている。利器（刃物）としてのサヌカイトの有効性を悟った先史人たちが、二上山の山麓でどのような活動をしてい

図5 ● 桜ヶ丘第１地点遺跡の景観（北東から）
中央の家屋が密集している舌状台地部分が遺跡。遠方の赤い矢印はサヌカイト大露頭の石万尾（いしまんび）第1地点（株山）遺跡、中央の平地山遺跡は現在、私立学校のキャンパスになっている。下方を走るのは近鉄大阪線。

たのか、ここ半世紀ほどの調査・研究でわかってきたことをこれからみていくことにしよう。
　なお、二上山は火山岩であるサヌカイトを生みだした地域でありながら「火山」とはよばれない。火山とは噴火その他の火山活動で生じた特徴的な地形をいう。つまり、火山地形をとどめなければならない。二上山が活動したのは一三〇〇万年もむかしのことで、その後の浸食や地殻変動を受けて元の姿とはほど遠い地形となった。

2　石器のライフヒストリー研究

「石器はむずかしい」という言葉をよく耳にする。たしかに旧石器時代の打製石器は形が定まっていないし、出土する多くの遺物は石器製作途中の剥片《はくへん》や石核《せっかく》、石屑（砕片《さいへん》）ばかりだ。よほど「石器の見方」をトレーニングしなければ、こうした個々の石製遺物《せきせいいぶつ》を正確に判別し、考古学的な意味を理解することはできない。

　縄文・弥生時代の打製石器であれば、一般に弓矢の矢じりである石鏃《せきぞく》、錐《きり》として穴あけに使用した石錐《せきすい》、皮剥ぎなどに使用した石匙《いしさじ》などと、その形から器種の特定や機能の類推も可能である（**図6**）。そして、規格的な形の石器に加工されない剥片、石核、砕片などは「その他一括」にされて分析の対象にされることはめったにない。旧石器時代の遺跡で発見するのは、そうした石製遺物ばかりであることが多い。

　それでは、旧石器時代研究は石器やその他の石製遺物をどのように扱うのか。

個々の石器にはライフヒストリーが内在している。まず、石材の原産地で石材を選択、獲得する。その後、その場か別の場所へ石材を搬出して石器の製作を試みる。その際、一塊の石材を一度の石器製作行為で消耗しつくすとはかぎらない。ひとところに定住せず獲物を追って移動する生活をしていた旧石器時代の人びとは、分割した石材や剥離途中の石核を携行する場合もある。原産地より遠隔地のほうにその傾向が強いだろう。

完成した石器は、たとえば木の柄に装着して槍として使用したりする。使用中に破損し、修正の加工を施すこともあるだろう。また刺したり切ったりする道具としてではなく、富や力を示す「威信財」として利用される石器もあろう。

そして最後には、廃棄や遺棄、人目にふれないように隠す行為などがあって、一つの石器のライフヒストリーが終了する。この一連の流れを「動作連鎖」といい、フランス先史学の泰斗アンドレ・ルロワ＝グーランが研究の考え方として提唱した。

この石器のライフヒストリーの研究のなかに石器の製作過程に注目した〝石器製作工程の復元研究〟

図6 ● 鳥浜貝塚（福井県若狭町）**出土の縄文時代の石器**
縄文時代の石器はその形から何に使ったのか類推が可能である。

がある（図7）。

動作連鎖の視点からみると、石器づくりの一回の打撃ごとに製作者の身ぶり、手ぶりも研究対象となる。たとえば、座る行為ひとつをとっても、その人が所属してきた社会の文化伝統に規制されるのである。人びとの個別行動、行為はまったくの自由、気ままではなく、そこには少なからず社会的、文化的背景をもっている、という考え方である。

本書はこの石器製作工程を中心にみていく。そのため、どのように原石を割っていって石器をつくったか、その製作工程を遺跡に残っていた破片（各種の石製遺物）から推理していく。細かい議論になる点もあるが、旧石器時代の人びとに近づく方法と思って読みすすめてほしい。

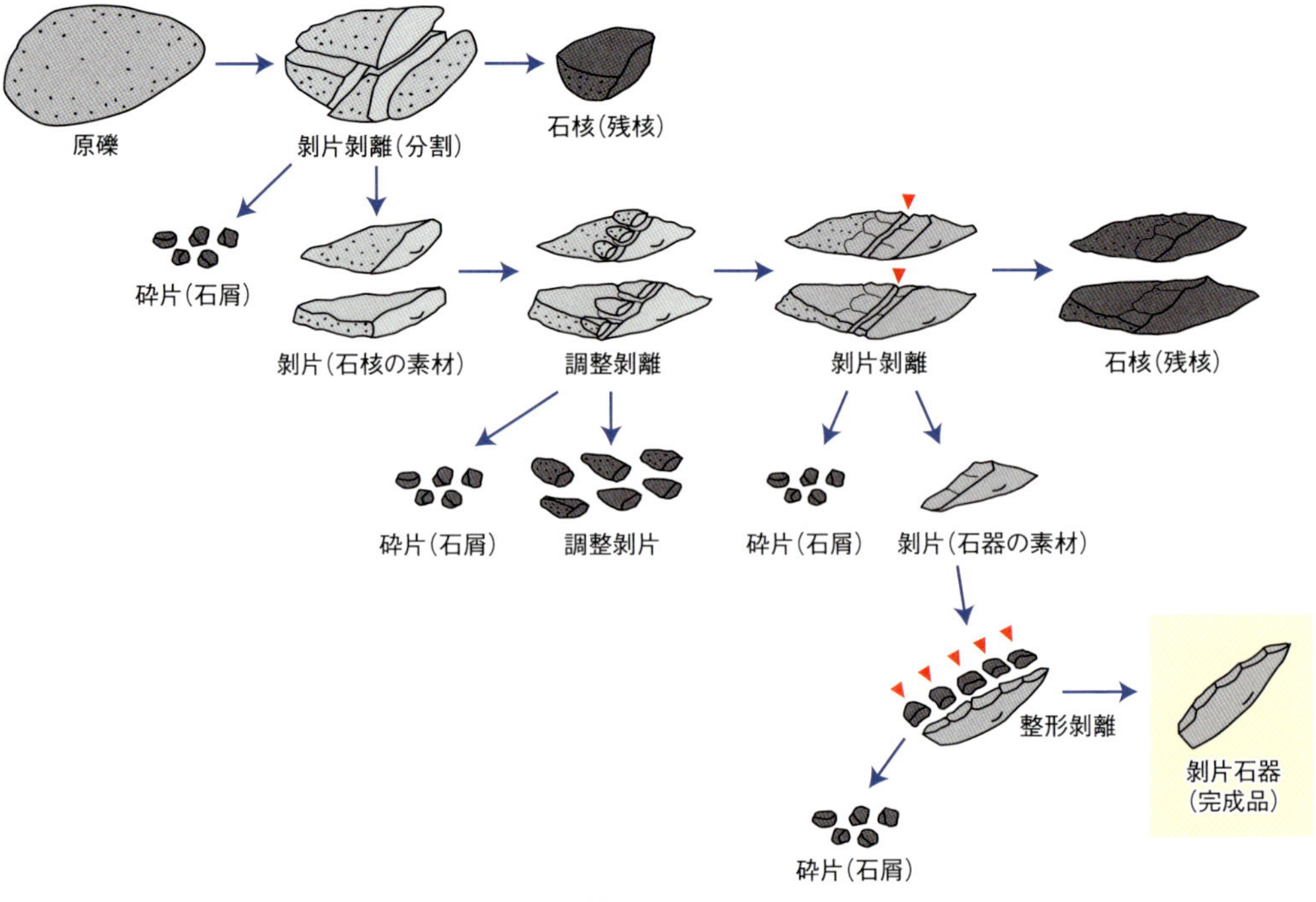

図7 ● 石器の製作工程例
第4章で解説する瀬戸内技法を念頭においたもの。それぞれの段階でいろいろな石核、剥片、砕片が生じ、そのつど不要なものは廃棄される。

第2章　サヌカイトの発見

1　サヌカイトとは

鋭利な刃物になるサヌカイト

サヌカイト（学名*Sanukite*）は、和名を讃岐岩《さぬきがん》といい、地下から地表に噴出したマグマが急冷してできた火山岩（噴出岩）である。色は黒く、非常に緻密で硬く、割れると光沢のある鋭い断口（割れ面）をみせるので、旧石器時代から、黒曜岩《こくようがん》（通称：黒曜石）とともに、石器の石材として利用されてきた（**図8**）。叩くと「カンカン」という高い音がすることから俗にカンカン石ともよばれている。

サヌカイトは、和名からもわかるように、発見地、香川県の旧国名にちなみ「Sanuki＋ite＝讃岐の石」という意味である。学名末尾の「ite」は〝石〟に学名をつける際の接尾辞で、安山岩（*Andesite*）や化石のアンモナイト（*Ammonite*）も同じ理由である。

一八八五年（明治一八）に地質学教授として明治政府に招聘されたドイツ人H・E・ナウマンがその岩石学的特徴に最初に着目したといわれている。ナウマン自身は「Klingstein（響石）」と名づけたように、敲打によって発する金属音に魅せられたようである。そして、ナウマンからこの岩石のことを知ったドイツ人のE・ヴァインシェンクが、一八九一年（明治二四）に「サヌカイト」と命名、「玻《は》璃《り》質《しつ》古《こ》銅《どう》輝《き》石《せき》安山岩」と定義した（玻璃質＝ガラス質）。

日本列島では二上山とともに香川県の金山《かなやま》、佐賀県の鬼ノ《おにの》鼻山《はなやま》がサヌカイトの産地として知られており、おもに西日本に広がっている。北海道から長野、伊豆箱根および九州各地に広がる黒曜岩の空白地域に分布しているようだ（**図61参照**）。

二上山のサヌカイトは一九一〇年（明治四三）の大湯正雄以来、地学的研究が進められ、一九一六年（大正五）には小藤文次郎がサヌカイトと成分の近い岩石をまとめて「サヌキトイド」とよんだ。そして近年、サヌカイトは讃岐のものに限定すべきだとか二上山のサヌカイトはすべてサヌキトイドだと、そのとらえ方に混乱も生じている。

図8 ● サヌカイトの原礫（左：春日山、右：石マクリ）
春日山産の礫面は海綿状であったり、筋状の石の目や衝撃痕がみられたりする。亜円礫～亜角礫が多い。石マクリ産は平らな礫面で、粘土状皮膜で白くコーティングされ、角礫が多い（右：幅約15×14cm、高さ約18cm）。

2　サヌカイト研究のはじまり

磬石・火打石

近代科学として最初にサヌカイトに注目したのはお雇い外国人のH・E・ナウマンだと述べたが、それ以前、サヌカイトはどのように理解されていたのであろうか。

江戸時代、「石の長者」とよばれ、考古資料を含めて「石」と名のつくものを博物学的に蒐集した近江国の木内石亭《きうちせきてい》（一七二四〔享保九年〕〜一八〇八〔文化五〕）が著した『雲根志』のなかで「磬石《けいせき》」とした岩石種が、サヌカイトと同種ではないかと考えられている。

そこにはこのような記載がある。「又安藝磬石を出す板のごとくへき裂たるものなり（中略）其の聲磬に異る事なし。又讃岐國白峰より同物をいだす色青く黒し、又山城國鞍馬山僧正谷に稀にあり。安藝讃岐は上品也。山城は下品也」。

木内石亭の厖大な数量にのぼる蒐集品は、彼の死後散逸したという。わずかに二一種だけが兵庫県にある生野鉱物館に遺されているというので、先年展示品を見学した。残念ながら、そのなかにサヌカイトはみあたらなかった。いずれにせよ、響きのよい石として特別に認識されていたようだ。木内石亭が主宰した石の愛好者の集まりである弄石社《ろうせきしゃ》の品評会などで、サヌカイトは周知されていた可能性がある。

また、室町時代〜江戸時代には火打石としてサヌカイトは利用されていたようで、江戸時代の遺跡から出土することがある。二上山のサヌカイトは摂津、河内、大和の地域に普及していたようで、出土品をみると相当使いこんである。廃棄品であろう。

さらにさかのぼって、古墳時代から鎌倉時代にサヌカイトの意識的な利用法は知られていない。しかし、江戸時代においてサヌカイトの産地に近い讃岐の寺院ではその音色を利用した使用法があったとも伝え聞くことから、中世以前にもサヌカイトの響きを利用した活用法の存在も想定されよう。

黎明期の研究

日本の近代考古学はE・S・モースによって一八七七年（明治一〇）にはじまったといわれる。近畿地方では一八八九年（明治二二）に、のちに東京帝国大学地理学科の教授となり「日本近代地理学の父」とよばれることになる山崎直方《なおまさ》が国府遺跡（**図9**）で、石鏃や槍先形石器などの打製石器を多数採集していた。

そして一九〇〇年（明治三三）、のちに京都帝国大学考古学研究室の初代教授となる濱田耕作が、国府遺跡の石器の石材産地に言及している。旧制の第三高等学校在学中のことである。

「従来此の地の石器の石質は粘板岩なりと記され余もしか信ぜしがつら（つら）精査するに粘板岩にはあらずして火山岩の一種なるが如し、我が校（第三高等学校＝現・京都大学）の松島（鉦四郎）教授に質せしに安山岩か又讃岐岩Sanukiteなるべしと云はれき但し顯微鏡の検査を經て後斷定するところあるべし、もし讃岐岩ならば地質學上讃岐地方にて發見さるゝものにして此の邊にては珍しきものにあらずと云う、大和河内の國境二上山の邊には安山岩あれば其れ

なるやも知れず、而して此の岩石も矢張り此の山の麓あたりより出づ此の地方にては俗に金石といふ」（カッコ内は筆者注）

松島の鑑定協力を仰いだとはいえ、濱田が二上山のサヌカイトの地学的研究がはじまる以前に、すでに二上山麓を原産地として注視していたことは興味深い。濱田は一九一八年（大正七）には、二子山《ふたごやま》（二上山のこと）の「二子石（Futagonite）」（サヌカイト）が原石だと明確に想定している。

そして一九三一年（昭和六）、ついにサヌカイトが分布する二上山麓に原産地遺跡がいとなまれていることが突き止められる。当時、國學院大学在学中の樋口清之《きよゆき》である。樋口は現在の奈良県桜井市出身という地の利を生かして、奈良盆地内で各時代の遺跡発見につとめていた。

樋口は二上山麓の五カ所の遺跡を解説するなかで、「第三号遺跡」（現・滝ヶ谷遺跡）を石槍の未成品と土器片の存在から、弥生時代の石槍製作跡と報告している。そして、周辺の集落遺跡との関係を追究する経済地理的視点の考察も試みた。

図９●国府遺跡（大阪府藤井寺市）**の現況**
旧石器が存在するかどうか確認するために1917年（大正6）に発掘調査された。旧石器は否定されたが、はからずも多数の縄文・弥生人骨が出土し一躍注目をあびる。のちに旧石器群が発掘され、国府型ナイフ形石器の名前の由来となった。国指定史跡。

二上山文化総合調査

その後、在野の郷土史家の松本俊吉が、『二上村史』（一九五六年刊行）の執筆のため、先の樋口報告の遺跡の再踏査を試みている。そして、一九五六〜五七年に橿原考古学研究所の「二上山文化総合調査」が実施される。これは二上山地域が「近畿古文化を象徴する諸条件を持っている」ことから、人文と自然の諸科学分野を一二班編成で調査する壮大な計画だった。

この調査で、サヌカイト製の旧石器と遭遇するのである。場所は、「中間略報」に「河南《かなん》町飛鳥サヌカイト産出地の調査」と記されている（「河南町飛鳥」は「羽曳野《はびきの》市飛鳥」の誤植か）。今日の飛鳥新池《あすかしんいけ》あたりが試掘されたようである。

そして調査の先史班長が当時、同志社大学教授で縄文時代研究者の酒詰仲男《さかづめなかお》であったことからか、その際に出土した石器や剝片などが同志社大学考古学研究室にもち込まれることになった（**図10**）。ただし旧石器文化の解明も研究課題であったが、そのときはそれらが旧石器であることにだれひとり気づかなかった。それを一九六七年同大学の二回生であった松藤和人が目ざとくみつけだし、二上山文化総合調査の一員であった森浩一から、それらの石器が出土した場所の情報をえて、いよいよ第1章で述べた二上山麓の踏査活動がはじまるのである。

二上山文化総合調査は「中間略報」しか公にされず、先史班の具体的成果が不詳である。なお、「中間略報」には一九五七年三月七日〜一七日に「河内国府遺跡の調査」とある。また同年の『日本考古学協会第二〇回総会研究発表要旨』に、島五郎・山内清男《やまのうちすがお》・鎌木義昌《かまきよしまさ》の連名で「国府遺跡発掘調査略報」として、近畿初の旧石器時代石器群の出土が報じられている。

旧石器文化談話会

二上山文化総合調査の出土石器に触発された松藤らは、当初同志社大学考古学研究会プレ縄文分科会として二上山麓の踏査活動をしていたが、おりしも燎原《りょうげん》の火のごとく全国を席巻していた学生運動（全共闘運動）の渦中、既成の考古学界のあり方に批判的な若き考古学徒たちのほとばしるエネルギーは、一九六九年の日本考古学協会秋季大会会場に集結した「平安博物館事件」をへて、翌一九七〇年一月に同志社大学旧石器文化談話会を新たに結成し（後年、大学名をはずし旧石器文化談話会と改称）、学問実践の場である二上山麓の踏査・研究を継続、邁進していったのである。このような経緯のもと、二上山北麓遺跡群の本格的な調査研究の嚆矢《こうし》となる『ふたがみ』の刊行がはたされた。一大学の学生のみで地域研究のモデルケースを示した仕事は、石器研究者のみならず考古学の他分野からも注目を浴び、羨望の眼でみられてい

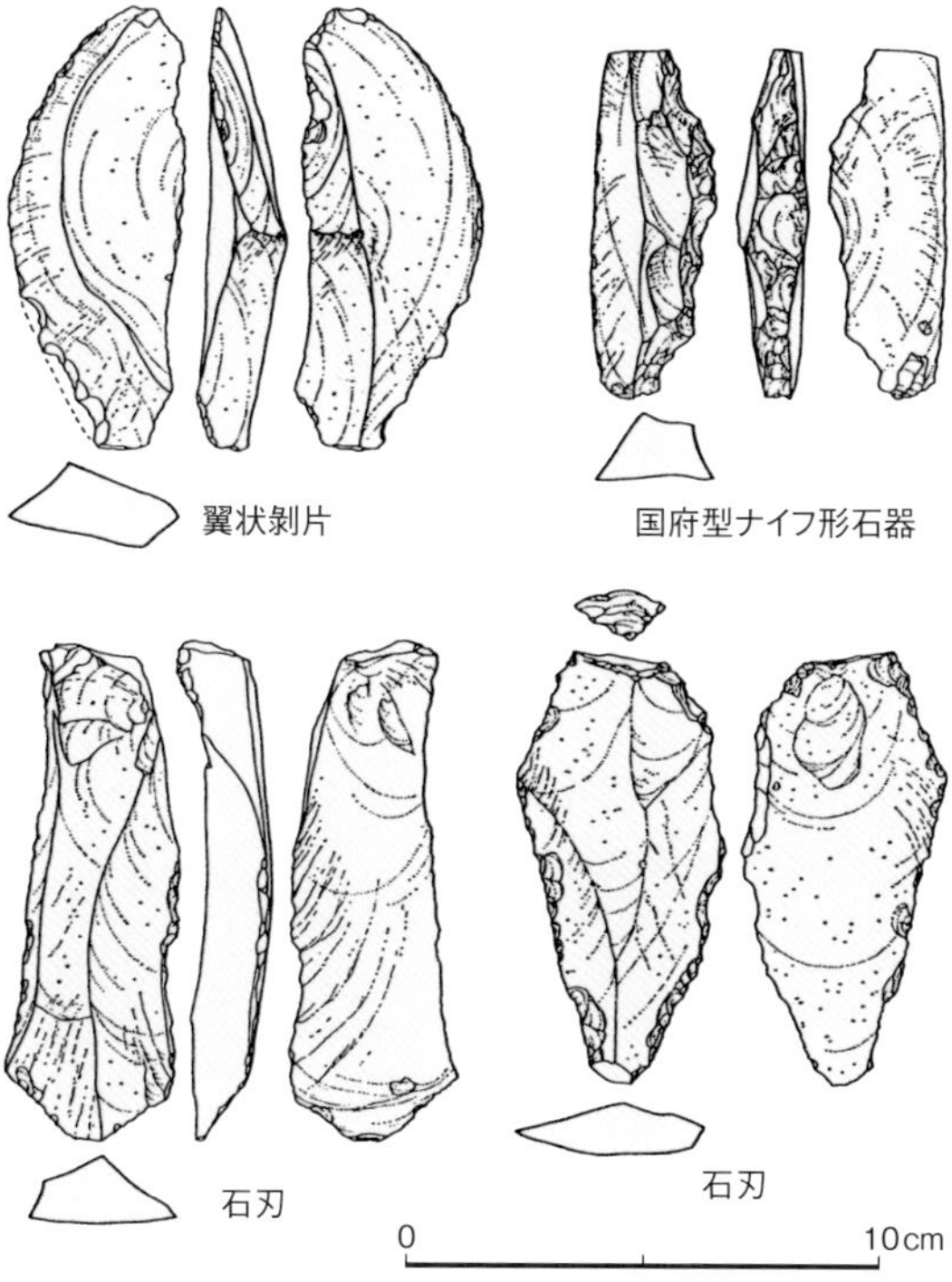

図10 ● 二上山文化総合調査で出土した旧石器（1956年調査）
飛鳥新池遺跡から出土。調査時は旧石器とは認識されなかった。

たようである。いまだ本格的な調査研究のない、ほぼ未踏の分野をみずから開拓していこうという意欲的で高揚したエネルギーが感じられる。旧石器文化談話会の機関誌は手づくりの『月報』からはじまり『プレリュード』へ、さらに現在の『旧石器考古学』へと改題されたが、『プレリュード』とは「近畿旧石器研究興隆の〝前奏曲〟でありたい」と意図した誌名であった。

二上山北麓遺跡群の発掘調査史は、最初にふれた一九七五年の桜ヶ丘第一地点遺跡に端を発し、一九八〇年前後から急速に増加していった（**表1**）。その大半が大小の開発行為にともなう事前調査である。『ふたがみ』のインパクトが文化財保護行政

表1　二上山北麓遺跡群のおもな旧石器発掘調査

調査年	遺跡名	調査主体	備考
1956年	飛鳥新池遺跡（試掘）？	橿原考古学研究所	二上山文化総合調査
1975年	桜ヶ丘第1地点遺跡（第1次）	奈良県立橿原考古学研究所	学術調査（＊）
1979年	今池遺跡	大阪府教育委員会	広域農道建設
1980・81年	株山遺跡	帝塚山大学	学術調査
1982年	桜ヶ丘第1地点遺跡（第2次）	奈良県立橿原考古学研究所	
1982年	桜ヶ丘第1地点遺跡（第3次）	奈良県立橿原考古学研究所	（＊）
1983年	桜ヶ丘第1地点遺跡（第4次）	奈良県立橿原考古学研究所	（＊）
1984・85年	鶴峯荘第1地点遺跡	香芝町教育委員会	サヌカイト採掘坑
1986年	桜ヶ丘第1地点遺跡（第5次）	香芝町教育委員会	
1987年	桜ヶ丘第1地点遺跡（第6次）	香芝町教育委員会	
1988～89年	鶴峯荘第3地点遺跡（第1次）	香芝町教育委員会	
1989年	鶴峯荘第2地点遺跡	香芝町教育委員会	
1998年	桜ヶ丘第1地点遺跡（第10次）	香芝市二上山博物館	
2000～01年	鶴峯荘第3地点遺跡（第2次）	香芝市二上山博物館	宅地造成
2003～05年	平地山遺跡・サカイ遺跡	香芝市二上山博物館	学校建設
2005年	鶴峯荘第4地点遺跡	香芝市二上山博物館	宅地造成
2005年	鶴峯荘第5地点遺跡	香芝市二上山博物館	宅地造成
2006～07年	桜ヶ丘第1地点遺跡（第11次）	香芝市二上山博物館	学校グラウンド造成

注1）縄文・弥生遺跡も多いが、単独の縄文・弥生遺跡の発掘調査事例は除いてある。
2）備考の（＊）は、松藤和人が主体的にかかわった調査。
3）1982～83年の桜ヶ丘第1地点遺跡第2～4次調査の事業主体は香芝町教育委員会。

の重い腰をあげさせたと思っている。かかる情勢のなかで、奈良県香芝市は一九八一年度から国庫補助金事業で二上山北麓遺跡群の発掘調査を継続していくことになるのである。

3　二上山のサヌカイト

二上山麓の地層

二上山の北麓〜西麓にかけての二上山地域は、四囲を山地がかこみ、中央部に関屋丘陵がひろがっている。まわりの山地は、おもにいまから約一六〇〇万年前〜一三〇〇万年前（新第三紀中新世）に形成された「二上層群《にじょうそうぐん》」で構成され、中央部の関屋丘陵はいまから約三〇〇万年前〜一三〇万年前（新第三紀鮮新世《せんしんせい》〜第四紀前期更新世《こうしんせい》）に形成された「古大阪層群」で構成されている（**図11**）。

二上層群は二上山地域の火山活動がもたらした火山噴出物でできていて、南北約九キロ、東西約七キロの範囲に分布している。そして、下位から「ドンズルボー累層《るいそう》」、「原川累層」、「玉手山累層」（「定ヶ城《じょうがしろ》累層」という見解もある）とよばれる三つに区分される。

二上山の噴火の歴史は、まず最初に花崗岩の基盤を突き抜けていきなり爆発的噴火が発生した。火砕流《かさいりゅう》の噴出である。火砕流は一九九一年に発生した長崎県の雲仙《うんぜん》普賢岳《ふげんだけ》の噴火で一般に知られるようになったが、二上山の火砕流は雲仙普賢岳の噴火のときのものよりも数十倍も規模が大きかったらしい。

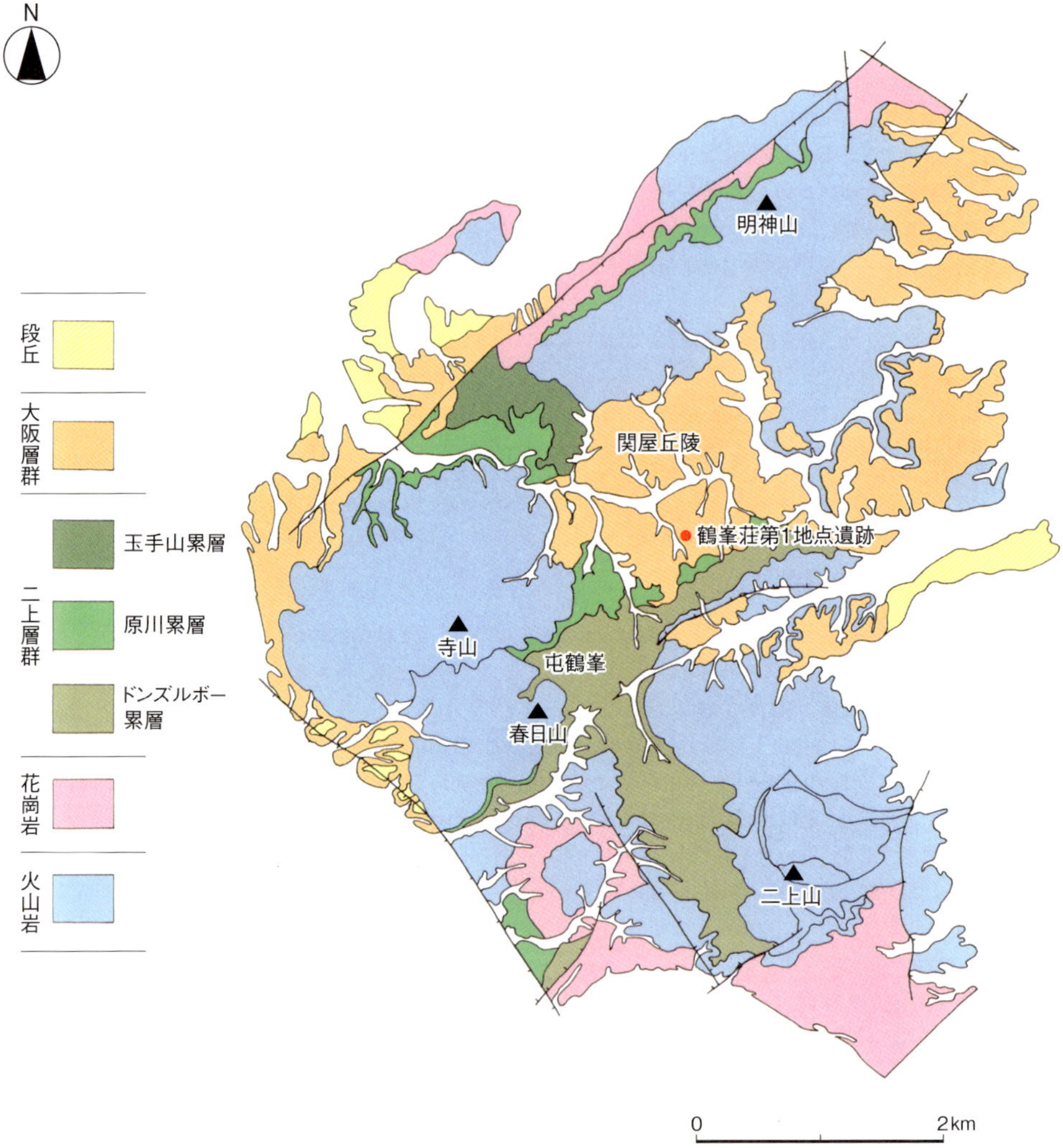

図11 ● 二上山地域の地質概略
おおまかにみると、大阪層群で形成される関屋丘陵は二上層群の堆積層と各種火山岩にかこまれている。

この火砕流堆積物が固まった岩石が凝灰岩《ぎょうかいがん》で、ドンズルボー累層とよばれる。「ドンズルボー」とは、香芝市にある奈良県指定の天然記念物、屯《どん》鶴峯《づるぼう》にちなんでつけられた名前だ。屯鶴峯は標高約一五〇メートルの岩山で、噴出した凝灰岩がその後の隆起によって露出し、千数百万年間の風化・浸食をへて、いまでは奇岩群を形成している（**図12**）。遠くからながめると、多くの鶴がたむろしているようにみえることから命名されたともいわれている。また、大阪府太子町にある国指定史跡の奈良時代の石窟寺院、鹿谷《ろくたん》寺《じ》跡《あと》が削りだしているのもこの凝灰岩である（**図13**）。

爆発的噴火の後は、二上山地域のあちこちから溶岩が流出した。この時期に堆積したのが原川累層である。比較的おだやかな時期で、砂岩層からは植物化石が出土し、新第三紀中新世の暖温帯（現在より暖かい）気候の環境を知るうえで貴重だとして、香芝市の指定文化財（天然記念物）と

図12 ● 屯鶴峯の景観
ドンズルボー累層のなかでもっとも新しい時期の火砕流堆積物。
風化に弱く、長年の地殻変動でいまでは岩山と化している。

なっている（**図14**）。

そして原川累層のうえに、二上山地域の最後の噴火による層がある。玉手山累層とよばれる。一二〇〇万年前ごろであろうか。ちなみに、ドンズルボー累層中の石切場火山岩は約一六〇〇万年前、原川累層の石《いし》マクリ火山岩（サヌカイト）は約一三〇〇万年前という理化学的な放射年代測定値が出されている。

サヌカイトの堆積層

さらにその後、三〇〇万年前ごろから、二上層群が侵食されて礫や砂、泥が関屋丘陵に堆積していった。こうしてできた古大阪層群は、下位から送迎《ひるめ》礫層、瑞《ずい》宝園《ほうえん》粘土・礫互層、関屋砂層に細分されるが、送迎礫層と瑞宝園粘土・礫互層には二上層群由来の火山岩類が含まれる。サヌカイトはそのひとつである。

なかでも、新しい住宅地名称として二万五千分の一地形図に掲載されている「瑞宝園」の名にちなんで「瑞宝園粘土・礫互層」とよばれる地層の礫層中には最大二七・五パーセントの含有率があり、また香芝市の北、現在の王寺町畠田にあった土地「送迎」にちなんで「送迎礫

図13 ● 鹿谷寺跡（大阪府太子町）**の現況**
左手にある十三重石塔は積み上げげたものではなく、凝灰岩層を削りだして造ったものである。

層」とよばれる地層では、地表下二〜三メートルまでのクサリ礫層中に多数のサヌカイト礫が含まれている。なお、「送迎」は現在では明神山《みょうじんやま》の近く「送迎峠」などに名を残す。その由来は聖徳太子が片岡の地を往来した際に里人が送り迎えしたところと伝えられ、明神山に祀った「大日孁貴神《おおひるめのむち》（天照大神《あまてらすおおみかみ》）」にちなんだものともいわれる。

春日山と石マクリ

二上山麓でサヌカイトが生成した場所は二カ所ある。それが春日山と石マクリである（**図2参照**）。春日山は二上山の北西麓、標高二五二メートルの山塊で、山頂付近から北西一帯にマグマが急冷した春日山火山岩が分布し、山頂から東南斜面一帯は崖や急斜面で崩れた土石が崖下で円錐形に堆積した「崖錐《がいすい》堆積物」でおおわれている（**図15**）。この春日山山頂付近で採石工事によりサヌカイトの大露頭があらわれた（**図16**）。幅約八〇メートルにわたって、地表下五メートルまで良質のサヌカイトである。

石マクリは二上山の西麓、標高一一〇〜一五〇メートルにある。現在、太子温泉のある場所で、崖錐堆積の露頭《ろとう》がみられる（崩落防止のため崖面保護されていまは露頭観察ができない）。

図14 ● 原川累層産出の植物化石
木の葉（ブナ科）そのものではなくその圧痕がのこった。
こうした化石を印象（いんしょう）化石という。

この二つの場所のサヌカイトは割れ面が良質な漆黒色をしている。峻別は不可能だが、礫面観察から分別は比較的容易である。春日山のほうは海綿状の凹凸や石の目が筋状に観察できる。平滑な面であっても衝撃痕や斑《はん》晶《しょう》の抜け落ちた凹凸がみられる。それにたいして石マクリのものは、きわめて平滑な礫面で、白っぽく粘土状皮膜でコーティングされたようにみえる。また、石マクリの原礫は角が直角や鈍角に交わる角礫が多い（**図8参照**）。

　このような両者であるが、これまでの肉眼観察では、春日山のものが旧石器製作には利用されており、石マクリは微々たる利用率と予想される。このような肉眼観察の限界を超えて科学的分析結果からも検証したいが、いまのところ薄片《はくへん》（プレパラート）の顕微鏡観察や蛍光X線分析で両者のちがいを示すことに成功していない。

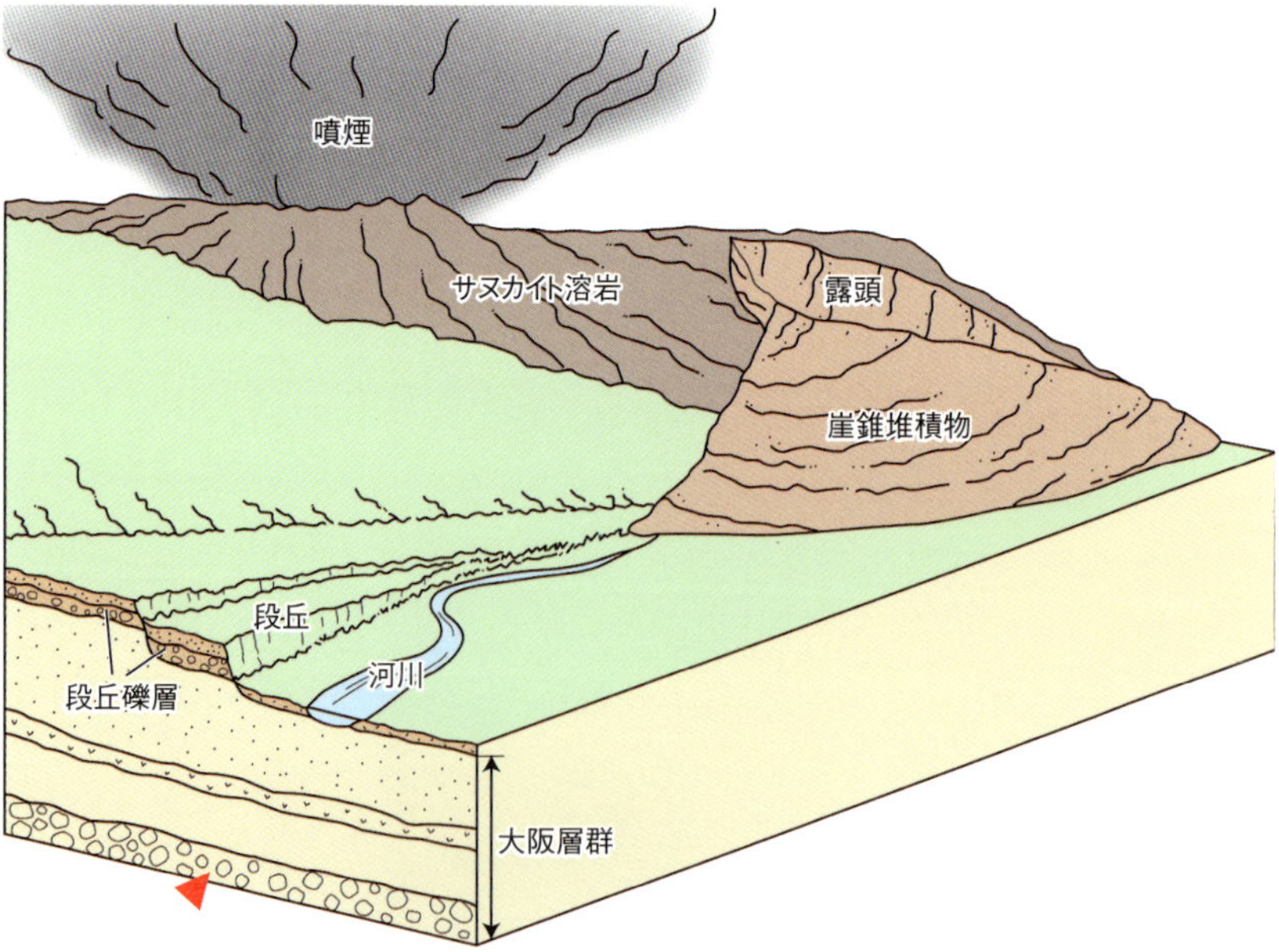

図15 ● 二上山地域周辺の地形・地質の模式図
サヌカイト溶岩は約1300万年前に、大阪層群は約300万年前〜約130万年前に、段丘礫層は約7万年前以降数万年前に形成された。サヌカイトは、段丘礫層や大阪層群の礫層（赤い矢印）中に、ランダムに礫として含まれている。

サヌカイト生成の新知見

ところで先ほど、マグマが急冷してサヌカイトが生成されたと述べたが、最近、二上山地域のサヌカイトの生成について野外調査の結果、新知見がえられた。春日山での春日山安山岩溶岩をサヌカイト溶岩と無斑晶質安山岩溶岩に分け、詳細な観察を試みたところ、両溶岩は混ざりあわないで同一の溶岩流を構成し、マグマの通り道である火道《かどう》付近で不規則なブロック状に生成しているという。つまり、サヌカイトは溶岩の急冷部分ではないと推定された。

一方、石マクリでは、無斑晶質安山岩溶岩の底部にサヌカイト溶岩がみられたため、溶岩の急冷相と推定された。サヌカイトの生成過程は単一ではなさそうだ。これが、サヌカイトの微妙な岩質の変異となったかもしれない。

こうした地形・地質、サヌカイト生成の過程をふまえて、次章で、いよいよ二上山麓の遺跡群をみていこう。

図16 ● 石万尾第１地点遺跡（株山遺跡）のサヌカイト大露頭
採石場にあらわれた深さ100ｍ超の春日山火山岩の露頭。最上段がサヌカイトの露頭で、地表下約5ｍまで良質のサヌカイトがみられる。

第3章　二上山麓の石器工房

1　遺跡の立地

サヌカイトの産出地と遺跡

二上山麓には、第2章でみてきた発掘調査と研究のつみかさねにより、現在、七十数カ所の遺跡が東西約四キロ、南北約五キロの範囲に分布することがわかっている（一九八二年段階）。それらは二上山の北麓から西麓にかけての標高約六〇〜二四〇メートルの丘陵地にあり、そのうち遺物包含層が確認されたり、採集遺物が豊富な主要遺跡は一八カ所ほどである（図17）。

また、この一八遺跡以外からも縄文・弥生時代の遺物包含層や土坑に混入して旧石器時代の石製遺物が出土したり、少量の旧石器が採集された遺跡も数多くある。旧石器人が二上山麓を活動域として、くまなく立ち入っていたことを物語っている。

主要遺跡は、地下にサヌカイトが包蔵されている場所に立地していることが多い。ひとつは

図17 • 二上山麓のサヌカイト産出地と旧石器遺跡の分布
黄土色のアミかけ部分がサヌカイトの生成・包蔵地。遺跡の立地はサヌカイトの分布と重なることが多い。

春日山および石マクリ周辺の、二上山からみると西寄りの大阪府羽曳野市・太子町に分布する遺跡である。地下からマグマが噴出してサヌカイトが生成した場所とそこから崖錐堆積した「第一次産出地」である（図15参照）。

もうひとつは、二上山からみて北に三キロから四キロほど離れた奈良県香芝市から大阪府柏原市にかけての関屋丘陵とその近隣で、地下の大阪層群や原川累層中にサヌカイト礫が含有されている（図18）。これらは「第二次産出地」とよんでいる。なお、約三〇〇万年前〜約三〇万年前に堆積した大阪層群のうち、約一三〇万年前より古い最下部をとくに「古大阪層群」とよんでいる。関屋丘陵の大阪層群は古大阪層群と考えられている。

これら以外に「第三次産出地」も想定される。第三次産出地とは、いまから約七万年前から数万年前に形成された中位・下位段丘の

図18 ● 関屋丘陵の大阪層群に含まれるサヌカイト礫
赤い矢印で示したのがサヌカイト礫。右上や左上にみられる大きいものは一辺30～40㎝の立方体。

段丘礫層中にサヌカイト礫が多数含まれるであろう場所のことをよんでいる（**図15参照**）。

現地でサヌカイト礫の含有は確認していないが、二上山北麓遺跡群から北西に直線距離で数キロ〜十数キロの範囲に分布する大阪平野南部の旧石器遺跡には、中位〜下位段丘上に立地するものが多い（**図56参照**）。そのうち大阪市平野区の長原《ながはら》遺跡には、二上山麓ではあまりみかけない礫面の遺物が確認されている（**図58参照**）。水流によって摩耗が著しく、細かい衝撃痕が密集した平滑な礫面で、これは遺跡近傍で当時の河床の転礫を入手して利用したのではないかとにらんでいる。

二上山北麓遺跡群の特徴

このようなサヌカイトの分布と遺跡の立地がほぼ重複するということは、旧石器集団による土地利用が、豊富なサヌカイト利用にあったことを物語っている。その立地はおおむね標高約六〇〜二四〇メートルのあいだに分布し、地形区分すれば、

①二上層群を基盤とする山頂や斜面部＝石万尾《いしまんび》第一地点（株山）・穴虫峠・今池・地獄谷など

②二上層群を基盤とする丘陵＝飛鳥新池・穴ヶ谷など

③大阪層群を基盤とする丘陵＝鶴峯荘《つるみねそう》第一地点・平地山《ひらちやま》など

④河川に臨む舌状台地＝桜ヶ丘第一地点・鶴峯荘第二地点など

に分けられよう。そして、豊富なサヌカイトを背景としたアトリエ（石器工房）的性格を示している遺跡は、石器製作の残滓（剥片、石核、砕片）が大量に残り、それと石器製作道具であ

る敲石《たたきいし》や石器の製作途上の事故品や未成品があるのにたいして、完形の石器の出現頻度が著しく低い。

なお、二上山北麓遺跡群の特徴は石器製作技法として「瀬戸内技法」という国府型《こうがた》ナイフ形石器（図19）をつくりだす方法に特化された石材原産地遺跡群といえる。瀬戸内技法によるものではない石刃《せきじん》、石刃核《せきじんかく》、削器《さっき》、彫器《ちょうき》、切出形《きりだしがた》ナイフ形石器、角錐状《かくすいじょう》石器なども出土はするが、数量はいたって微々たるものである（そのなかで楔形《くさびがた》石器だけが数多い）。香川県の国分台《こくぶだい》遺跡群や佐賀県の多久《たく》・小城《おぎ》安山岩原産地遺跡群などでは複数の器種や製作技術が認められるので、二上山北麓遺跡群は際立った特色をもつサヌカイト原産地遺跡群といえる。では次節から、個々の遺跡をみていこう。

2　石器製作のアトリエ——桜ヶ丘第一地点遺跡

二つの文化層を発見

まず、二上山北麓遺跡群を代表する遺跡をみていこう（図20）。

桜ヶ丘第一地点遺跡は原川とその支流にはさまれた南東から北西にのびる舌状台地に立地

図19 ● 国府型ナイフ形石器
鶴峯荘第1地点遺跡土坑2の出土品。製作途中の完成まぎわで真っ二つに折れてしまった（長さ10.94cm）。

し、遺跡の主要部は標高七〇〜七三メートルあたりである（**図5参照**）。

第1章で述べたように、奈良県ではじめて旧石器時代の解明を目的として発掘調査がおこなわれた遺跡として著名で、それは一九七五年九〜一〇月のことである。二上山北麓遺跡群内で一九五六年一〇月に二上山文化総合調査の一環として大阪府羽曳野市の飛鳥新池あたりが試掘されたのにつぐ。

一九七五年発掘調査の課題は、堆積時期が異なる二つの旧石器文化層を層位的につかめるかどうかにあった。もし

図20 ● 二上山北麓遺跡群の景観（左下が北）
30年前（1989年）の状況。いまではさらに「緑地」が少なくなっている。

把握できれば近畿地方初の事例で、編年研究を大いに前進させる。

調査区（**図21**）はわずか二四平方メートルで、遺物が出土した包含層は、上位に「黄褐色粘土層」、下位に「明黄褐色砂礫層」が確認された（**図22**）。しかし、黄褐色粘土層が明黄褐色砂礫層の凹部に自然堆積したものか、人為的な掘り込み（土坑）の埋積土なのか確証はえられなかった。そして、両層とも瀬戸内技法を主として、それに石刃技法の関連遺物と楔形石器がともなうという似かよった旧石器遺物群が出土し、国府《こう》石器群《せっきぐん》とされた。

また、サヌカイト原産地遺跡では同じ場所を何百年にもわたって石器工房として断続的に利用されるため、

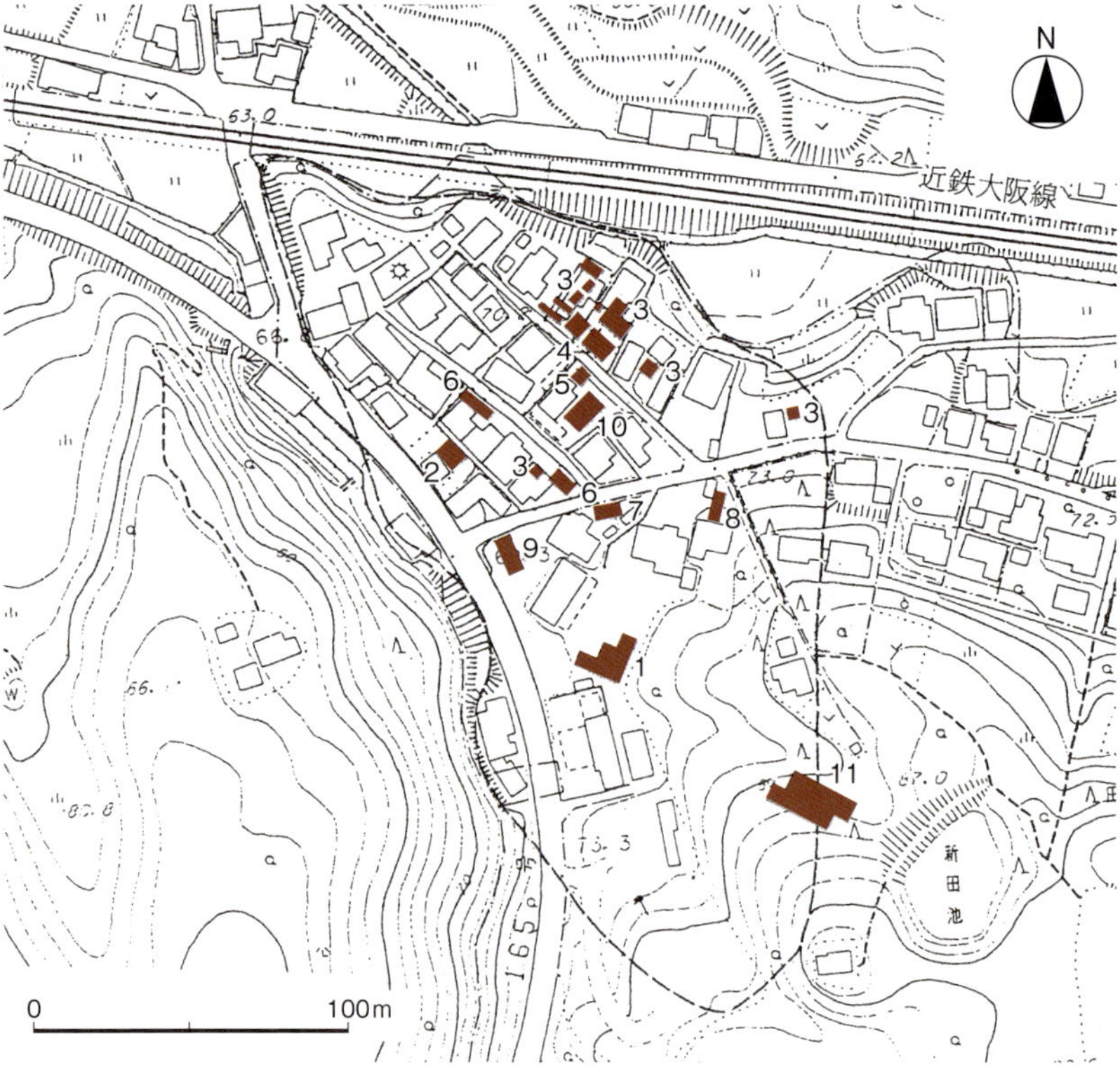

図21 ● 桜ヶ丘第1地点遺跡の発掘調査区
数字は調査次数で、破線は遺跡の推定範囲を示す。

遺物の原位置《げんいち》的な出土（数万年前に遺物が残された場所とほとんど同じところから出土すること）は望めず、それぞれの地層から出土した石器群は何十年、何百年という地層の堆積時間のなかで一括とみなされる。より細かい時間に石器群を分けることはできない。そのため精密な編年構築にはやや不向きである。

かわりにサヌカイトという石器石材の原産地上に立地する遺跡の特徴として、完成品としての石器が少なく、剥片、石核、砕片という石器製作時の残滓や敲石、あるいは石器製作途上品や製作中の事故破損品の出土が多いという石器製作のアトリエ的性格がみてとれる。以上の事実は、その後の第二次調査以降でも確認された。

第二〜一〇次調査では、遺跡が立地する舌状台地の北側にあたる先端部に発掘調査のメスが入れられた（**図23**）。このうち一部を除いて大半の調査区で基盤は第一次調査の大阪層群ではなく、二上層群の寺山火山岩（デイサイト）で形成されていた。

主要な調査（第3〜6・10次）の層序（**図24**）は、凹凸の著しい寺山火山岩（Ⅴ層）の凹部を埋めるように灰白色砂礫層（Ⅳ層）が被覆し、そのうえに黄褐色礫層（Ⅲ層）と黄褐色シルト質

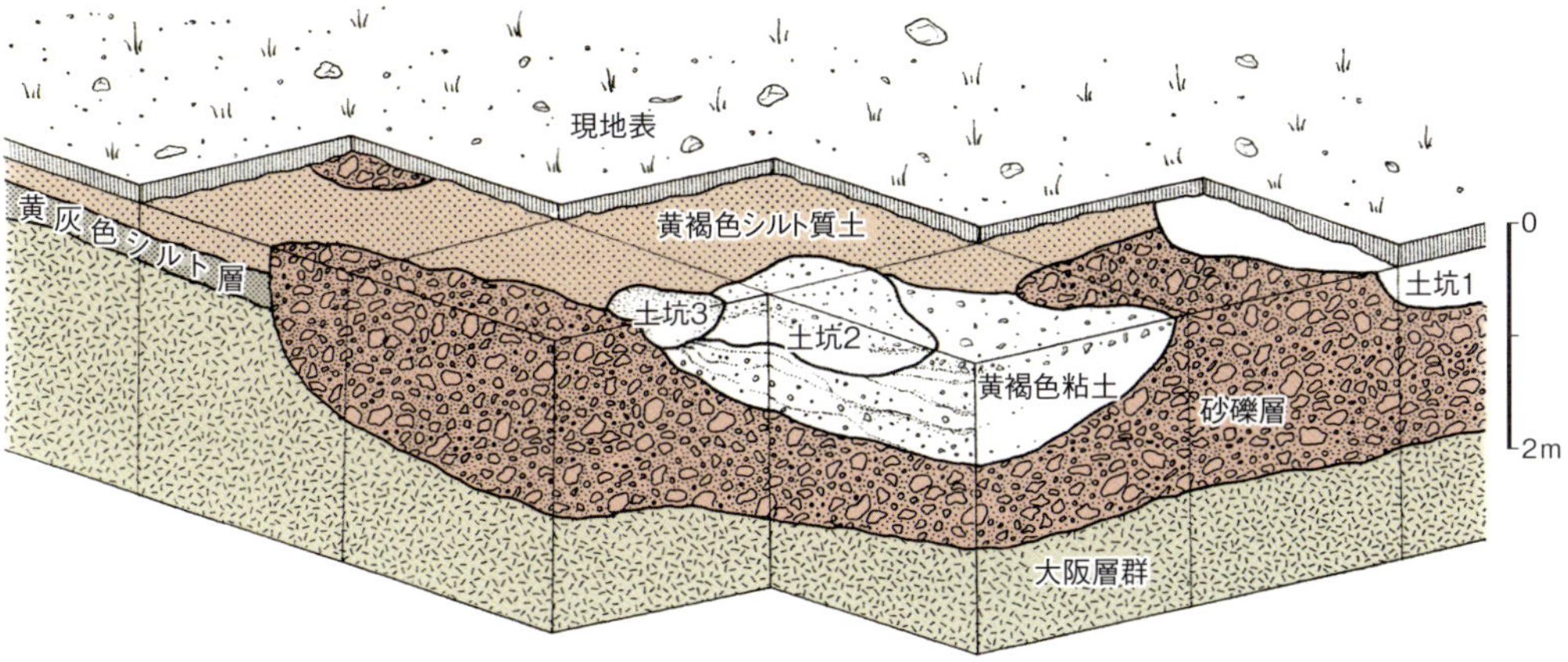

図22●桜ヶ丘第1地点遺跡の地層立体図（第1次調査）
主要な旧石器包含層は黄褐色粘土層と（明黄褐色）砂礫層である。

土層（Ⅱ層）が堆積する。Ⅱ層はやや汚れた色あいの上部（Ⅱa層）と純粋な下部（Ⅱb）層に細分される。旧石器包含層はⅡb層、Ⅲ層、Ⅳ層で、遺物量の多いⅡb・Ⅲ層が主である（**図25**）。

出土遺物

出土遺物は瀬戸内技法関連資料がめだつ。いずれも国府石器群と理解される。平面分布、垂直分布ともに特定の遺物集中部は確認できず、Ⅱb・Ⅲ層が長期間にわたって徐々に形成されていくなかで、石器製作のアトリエとして頻繁に利用された結果、先の遺物群が埋もれる前につぎの遺物群が重なり、一回の作業単位を分離できなくしている。

なお、Ⅱb・Ⅲ層から地層中に拡散した状態で約三万年前の始良《あいら》Tn火山灰（略称：AT）の火山ガラスが検出されており、おおむねAT降灰以降に営まれた遺跡と考えられる。

ついでにふれておくと、サヌカイト原産地でありながら、本遺跡から黒曜岩製の小形で定型

図23 ● 桜ヶ丘第1地点遺跡第10次調査区（左下が北）
調査区は8m×13mの104m²で、そのうち第Ⅴ層の基盤（寺山火山岩）まで完掘したのは55m²である。

的でない遺物が三点出土した（**図26**）。純粋なⅡb層ではなく、上位のⅡa層からの出土であることや器面の風化が進んでいないことから縄文時代の遺物と考えられる。蛍光X線分析による産地推定をおこなったところ、藁科哲男による分析でも明治大学の判別図法でも、結果は長野県の霧ヶ峰産であった。それぞれの分析で指標とした元の原石個体がちがうために科学的に検証されたわけでないが、似かよった結果であった。

下図の中央部分（矢印範囲）

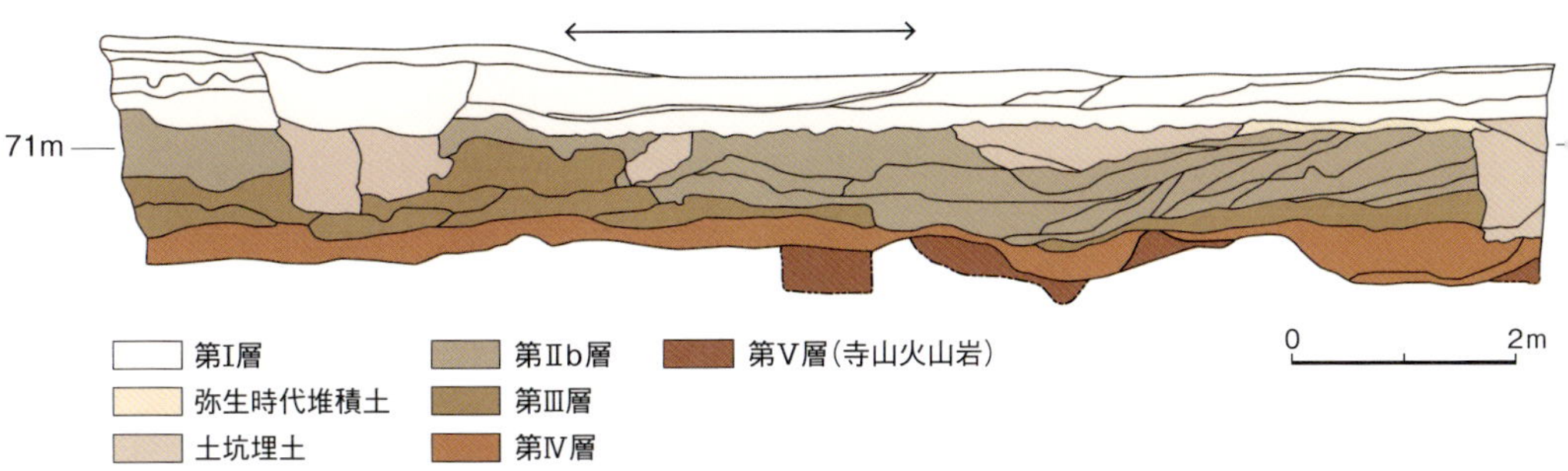

図24 ● 桜ヶ丘第１地点遺跡の地層断面（第10次調査）
おもな旧石器包含層は写真中央にみえる黄褐色の地層（Ⅱb・Ⅲ層）で、
その上を現代の造成土（Ⅰ層）がおおう。

3　旧石器時代の採掘坑──鶴峯荘第一地点遺跡

旧石器時代の採掘坑

鶴峯荘第一地点遺跡は、北・西・南と周囲を開析谷にかこまれ、南東─北西にのびる舌状丘陵の先端部にあり、標高は九〇メートル前後である。一九七二年の遺跡発見時に、すでに主要部分が宅地造成で削平されてしまっていたことは残念であった（**図27**）。

図25 ● 桜ヶ丘第1地点遺跡の旧石器包含層（第10次調査）
上の黄褐色シルトは第Ⅱb層、下の赤褐色は基盤の寺山火山岩、そのあいだが第Ⅲ・Ⅳ層の礫層。

図26 ● 桜ヶ丘第1地点遺跡出土の黒曜岩製遺物
出土した地層と風化の度合いから、縄文時代の遺物と考えている（第3次調査）。

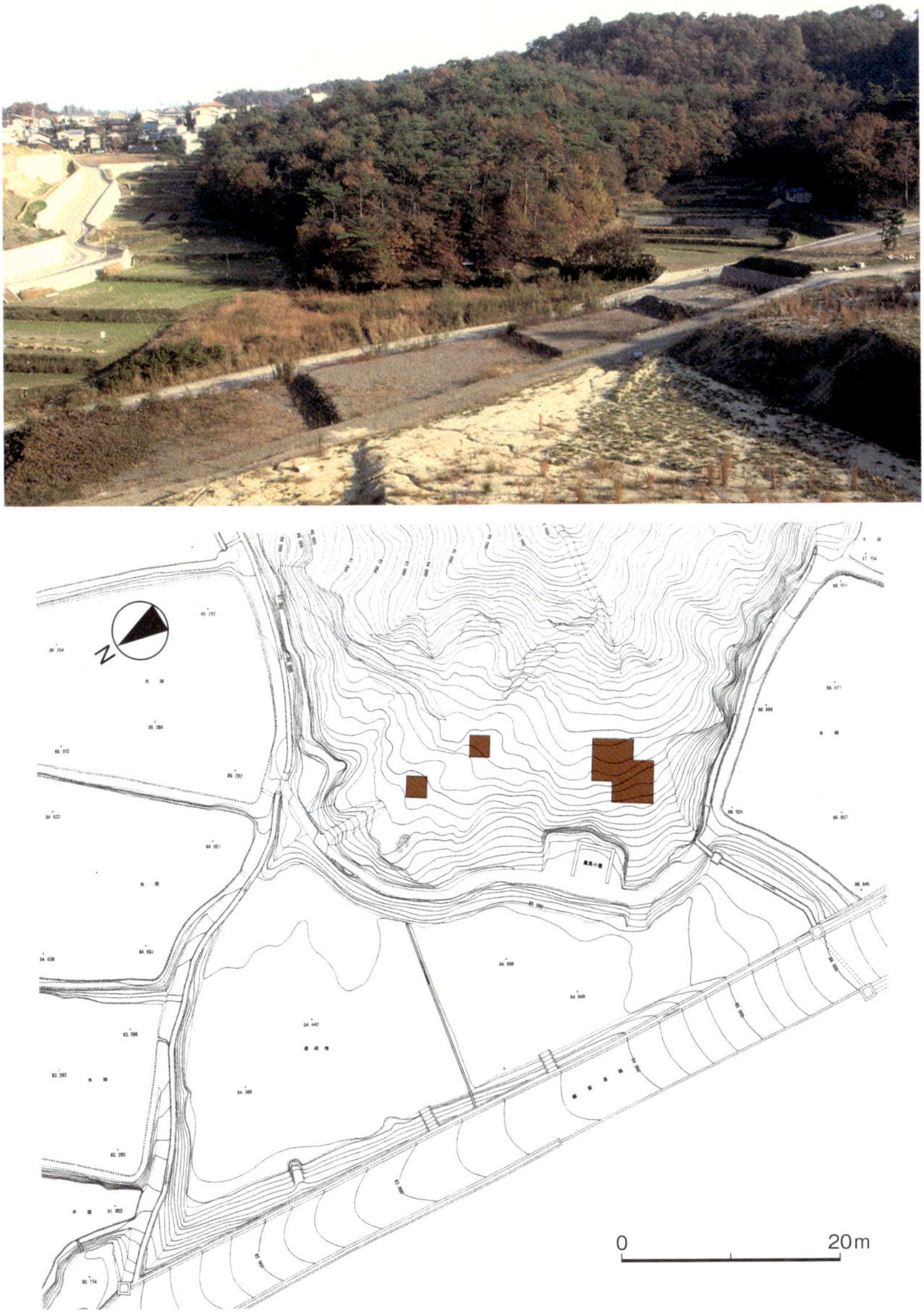

図 27 ● 鶴峯荘第 1 地点遺跡の景観（北西から）**と調査区**
土坑2がみつかったのはもっとも右側の調査区である。丘陵手前の
三角形の平坦地は遺跡発見時からある造成地。

一九八四・八五年の調査で旧石器時代にさかのぼるサヌカイト礫の採掘坑がみつかったことから、その名がよく知られるようになった（図28）。広く日本列島中のサヌカイト、黒曜岩の原産地をみまわしても、旧石器時代にさかのぼる採掘坑はいまだ唯一の事例である。そのため、不審のまなざしをされることもある。

遺跡のある舌状丘陵は古大阪層群「瑞宝園粘土・礫互層」が基盤で、その上の堆積地層中に多くのサヌカイト礫を含有する（図29・30）。

土坑は旧石器時代のものではない？

みつかった採掘坑である土坑2の出土資料（遺物と自然礫）の総数七一七三点のうち一六二四点（表2）が三次元の出土位置記録があるので、これをドット図であらわすと図31のようになる。出土資料がおおまかに上下二つに分離していることがわかる。

図28 ● 鶴峯荘第1地点遺跡の調査区全景
土坑2は調査区壁面のむこう側から斜面を掘りくずすようにして掘削していった。黄色線でかこった部分にサヌカイト礫が多く含まれる。現地はこの状態で埋め戻してある。

図29 ● 鶴峯荘第1地点遺跡の地層断面
中央に縦に火山灰分析のための土壌サンプリングの痕がみえる。矢印のサンプリング箇所にもっとも多くATの火山ガラスがみつかった。

図30 ● 鶴峯荘第1地点遺跡出土のサヌカイト原礫
基盤となる大阪層群上の砂礫層から出土した（矢印）。
ピンポールの赤白それぞれの長さは10㎝。

表2　鶴峯荘第1地点遺跡土坑2出土の石器組成

ナイフ形石器	7点	(0.43%)	剝片	861点	(53.02%)
削器	9点	(0.55%)	石核	99点	(6.10%)
石錐	1点	(0.06%)	砕片	34点	(2.09%)
彫器	1点	(0.06%)	敲石	29点	(1.79%)
楔形石器	7点	(0.43%)	分割礫	12点	(0.74%)
楔形石器付随物	5点	(0.31%)	熱破砕礫	12点	(0.74%)
2次加工のある剝片	17点	(1.05%)	熱破砕片	9点	(0.55%)
盤状剝片	129点	(7.94%)	加熱礫	8点	(0.49%)
盤状剝片石核	32点	(1.97%)	自然礫	160点	(9.85%)
翼状剝片	115点	(7.08%)	合　計	1624点	(100.00%)
翼状剝片石核	77点	(4.74%)			

注）総数は7173点（埋土を水洗し回収した微細遺物が大半）だが、3次元の記録をとった数を示す。

カッコ内数値を合計すると99.99%だが、あえて100.00%とした。

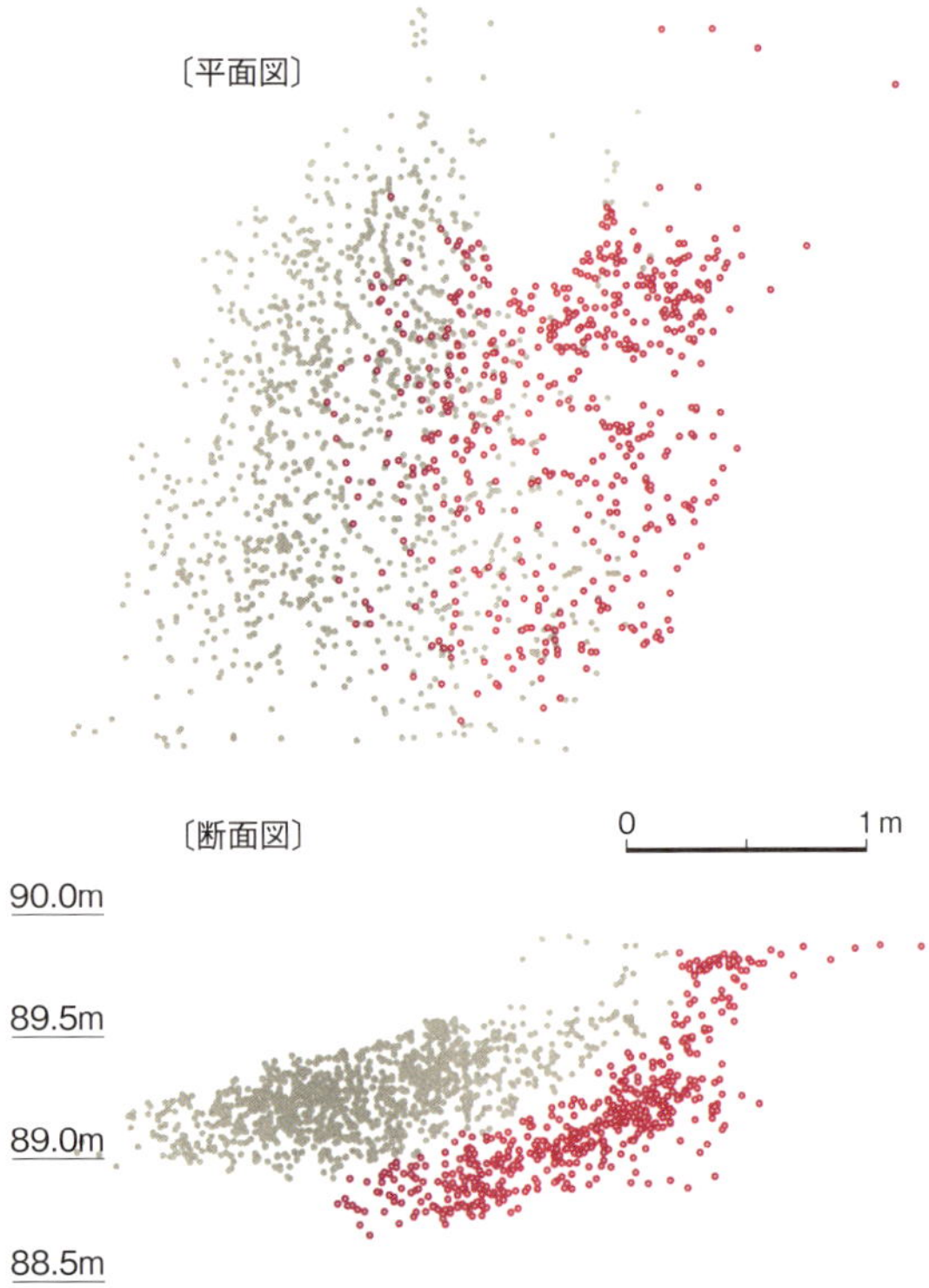

図31 ● 鶴峯荘第1地点遺跡土坑2の石製遺物分布
上：平面図、下：断面図。図35と同じ方向からみている。

これらの遺物は多数の接合資料に恵まれ、下の一群に瀬戸内技法の接合資料が多かった（**図32〜34**）。しかし上の一群においては、瀬戸内技法関連の遺物とともに、定型的な剥片をつくりだす瀬戸内技法とは異なる、サヌカイト礫の片面ないしは両面から定型的でない剥片を剥離している石核が含まれている。

以上のことから、土坑2は旧石器時代のものではなく、その後の縄文時代ないしは弥生時代

図32 ● 鶴峯荘第1地点遺跡土坑2の遺物出土状態
瀬戸内技法関連遺物。土坑の壁ぎわは遺物が立って出土した。

図33 ● 鶴峯荘第1地点遺跡土坑2から出土した国府型ナイフ形石器
図34のナイフ形石器と接合し、図19が全形。

図34 ● 鶴峯荘第1地点遺跡土坑2の遺物出土状態
翼状剥片石核3点が折り重なっている。奥にみえる石器は、図33と接合した国府型ナイフ形石器。

に掘り込まれたもので、下の一群は土坑2のベースとなった第Ⅳ層に含まれる遺物が混入したものだとする見方もある。瀬戸内技法による遺物とは異質な遺物を縄文時代以降の所産とみるのである。

また新旧二つの風化度合の剝離面をもつ「二重風化」の遺物が複数出土していることもこうした見方を支持している。しかし、第Ⅳ層から混入した遺物を縄文時代や弥生時代に石器製作に転用したことにより二重風化となったと考えることもできるが、二重風化の新しいほうの剝離面が旧石器時代にできたものではないと断言することはできない。

たしかに、土坑2が掘り込んでいる第Ⅳ層には瀬戸内技法を示す一群の遺物が含まれている。よって、土坑2の遺物群は厳密な意味で〝一括資料〟とは言いがたい（土坑2を掘って得たサヌカイト礫で石器製作をした際に生じた遺物だけで石器群が構成される場合、〝一括資料〟という。しかし、より古い第Ⅳ層の遺物も含まれる可能性が高い）。ただし、土坑2出土の瀬戸内技法関連遺物のすべてが第Ⅳ層からの混入に帰するのはあまりに性急すぎないか。基盤層まで完掘した隣りの調査区の第Ⅳ層には思うほど多量の遺物は含まれていなかった。

図35 ● 鶴峯荘第1地点遺跡土坑2の土層断面
手前から斜面を掘りくずすように前方へ掘削していった。右側面はややえぐりこんでいる。

発掘調査時に、土坑2の埋土を詳細に断面観察した（**図35**）。分層は可能だが、土色は「にぶい黄色6／4」～「明黄褐色6／7」まで一つの色相で明度に三つの幅があるにすぎない。そして、細砂とシルトの埋土の粒は細かい。土壌のわずかなしまりぐあいの差と自然礫の入りぐあいで何とか分層できたような、基本的には水平堆積なのである。**図31**にみられるような、〝分布が疎となる帯状の土層〟は確認できなかったのである。

以上のことから、土坑2の掘削および出土した遺物群は旧石器時代にさかのぼると考えている。瀬戸内技法を主とする国府石器群にあっても、異なる剝片剝離技術を示す遺物は含まれる。土坑2の場合、瀬戸内技法以外の遺物の割合が高いのは、二上山北麓遺跡群という豊富な石材を背景として営まれた原産地遺跡であるため、瀬戸内技法だけに縛られることなく、そのほかの剝離法もためすという特有の現象だとみている。

以上の発掘調査の成果が評価され、一九九七年度に土坑2出土品七一七三点は一括して香芝市指定文化財に指定された。

4　そのほかの大阪層群上の遺跡

鶴峯荘第二地点遺跡

鶴峯荘第二地点遺跡は、桜ケ丘第一地点遺跡と鶴峯荘第一地点遺跡のあいだにある、西流する小河川をのぞむ丘陵先端部の平地《ひらち》に立地する遺跡で（**図20参照**）、個人住宅建設にともない、一九八九年七月から一一月まで二一一・五平方メートルを発掘調査した（図36）。標高は七四〜七五メートルで、眼下の河床との比高は九メートルである。

層序は上から表土（第Ⅰ層）、攪乱層（第Ⅱ層）、第Ⅲ層（明黄褐色シルト質土）、第Ⅳ層（明黄褐色礫混じりシルト質土）、基盤の大阪層群（第Ⅴ層）である。

旧石器時代にさかのぼる遺物包含層は第Ⅲ・Ⅳ層であるが、遺物は第Ⅲ層上部からの出土が圧倒的に多い。ただし、桜ヶ丘第一地点遺跡と同様、往時の個別活動状況を反映するような特定の遺物集中部は確認できなかった。旧石器集団が随時立ち寄り、長期間連綿とした活動の重

図36 ● 鶴峯荘第2地点遺跡の景観と調査区
上の写真は左下が北、下の写真は南東から撮影。

複した痕跡をみているのであろう。

現在平地となっている遺跡地の奥部は後世に削平されており、発掘調査では表土層の直下に旧石器包含層があらわれる。第Ⅲ層から出土したナイフ形石器の大半は国府型であり、関連する剥片、石核も多く、国府石器群といえよう。素材となった翼状《つばさじょう》剥片の打面《だめん》をとどめるナイフ形石器の未成品がめだち、石材原産地遺跡の性格をよくあらわしている。

なお、「翼状剥片」の読みは「つばさじょうはくへん」であって「よくじょうはくへん」ではない。提唱者の鎌木義昌は「上面（打面を上）からみると、あたかも鳥の翼をひろげた状況をみせている」（カッコ内は筆者注）としてわざわざルビもつけている。筆者らも命名者の意向を尊重している。

第Ⅲ層の出土遺物はナイフ形石器、翼状剥片、翼状剥片石核、盤状《ばんじょう》剥片、盤状剥片石核、石刃、石刃核、角錐状石器、楔形石器、削器、敲石、その他剥片、石核、砕片などである。

桜ヶ丘第一地点遺跡と同様、角錐状石器や切出形ナイフ形石器など、周辺遺跡よりも規格的な形の石器の出土量が多い。角錐状石器はこれまで編年上の位置づけに論争もあったが、二上山北麓遺跡群ではじめて国府石器群と共伴した出土例である。

鶴峯荘第五地点遺跡

鶴峯荘第二地点遺跡にほど近い、標高一〇七・二メートルの最高所から北面する標高八〇〜八四メートルあたりの丘陵斜面の先端部にひろがる（**図20参照**）。民間事業者による宅地造成工事にともない、二〇〇五年一〇月から翌月にかけて、一八三平方メートルを発掘調査した。

調査区は、後世の谷が大きく縦断しており、旧石器時代にさかのぼる遺物包含層はその一角に残っていた。層序は、上から表土層（第1層）、谷部埋土、シルト質土（第2層）、砂礫層（第3層）、基盤の大阪層群（第4層）である。旧石器時代の遺物包含層は第3層で、厚いところで一・二メートルある。

ちなみに谷部埋土から、器面の風化が新しい黒色のサヌカイト剥片が多数かたまって出土した。このような新鮮な風化面をもつ廃棄石片群は二上山北麓遺跡群に複数箇所で知られている。何をつくろうとしたのかはっきりとはわからないが、最近は中・近世の火打石の製作残滓ではないかとにらんでいる。

第3層から回収した旧石器資料は約五三〇〇点ほどであるが、自然礫も含まれるため石製遺物の数量は少なくなる。剥片、砕片が大半のなか、ためしに一四八点を任意に選別してみた。周辺遺跡と同様、瀬戸内技法関連遺物がめだつ。

その内訳はナイフ形石器八、削器二、抉入《えぐりいり》石器一、角錐状石器一、石刃七、二次加工ある剥片一、翼状剥片六〇、翼状剥片石核四七、盤状剥片九、盤状剥片石核八である。

平地山遺跡

桜ヶ丘第一地点遺跡の西側にあり、北方へのびる丘陵尾根先端の標高八五〜九五メートルあたりに立地する（**図5参照**）。私立学校新設のため二〇〇三年一月〜翌年四月に四二九〇平方メートルが発掘調査された。

遺跡は基盤層が古大阪層群のうちの送迎礫層である。この送迎礫層の上面から深さ二メートル前後までに多数のサヌカイト礫が含有される。これより深くなるとチャート一色となり、サヌカイト礫はみあたらない。このような地質条件から、ここではサヌカイト礫の採掘坑が一面に重なりあってみつかった。この採掘坑群の形成時期はおおむね縄文・弥生時代と推定されるが、その一角に幸運にも旧石器時代にさかのぼる遺物包含層が遺《のこ》されていた。この旧石器包含層がみつかるまでにも、縄文・弥生時代の堆積物中に旧石器遺物が多数混入していることはわかっていて、旧石器時代にも積極的に土地利用がなされていたことは予想されていた。

みつかった旧石器包含層は大阪層群送迎礫層上に二〇センチ前後の厚さに堆積していて、後世の採掘坑群の破壊からまぬがれてわずか約五メートル四方の範囲にひろがっていた。多くは送迎礫層の凹部から出土し、一様に風化が進んでいる。器面は摩耗せず縁辺はシャープである。そして、本遺跡群で一般的な国府石器群のあり方であった。

5　そのほかの二上層群上の遺跡

石万尾第一地点遺跡（株山遺跡）

石万尾第一地点遺跡（株山遺跡）は、サヌカイトを生成した春日山山塊に立地する。標高は約二四二メートルで、本遺跡群のなかで最高所に位置する。『ふたがみ』刊行後に採石工事で発見され、まず一九七五年から翌年にかけて踏査した。

基盤はサヌカイト岩脈からなり、それを掘り込んだ採掘坑もみつかった。このとき採集した二五六点の遺物は、国府型ナイフ形石器一点、翼状剥片一一点、翼状剥片石核三点、彫器一点、スクレイパー二点、縦長剥片一四点、槍先形石器六点、両面加工石器一点、片面加工石器一点、敲石四八点、楔形石器五二点、剥片九〇点、石核二六点である。国府型ナイフ形石器や翼状剥片などの瀬戸内技法の遺物があることから旧石器時代から利用されていることがわかるが、遺物量からその活動は低調といえる。

その後、帝塚山大学（一九八〇・八一年）と羽曳野市教育委員会（一九九三〜九六年）が発掘調査を実施し（**図37**）、とくに羽曳野市教育委員会が発掘した約一三〇〇平方メートルの調査区内では大小五〇基以上の採掘坑がみつかった。採掘坑は深さ三メートルを超えるものもある。

これらの採掘坑には厖大な遺物が埋蔵され、その大

図37 ● 株山遺跡の採掘坑
帝塚山大学の調査。サヌカイト大露頭の崖ぎわで調査された。
縄文・弥生時代のサヌカイト採掘と思われる。

半は石核（一万一九〇五点）と剝片（二一万一六二二点）で、その点数は回収した遺物の一部を抽出してあきらかにされた。器面の風化度合などの検討結果から、縄文・弥生時代にサヌカイトの採掘と石器製作に特化した活動がおこなわれた跡と考えられる。旧石器時代には、地表面に散在するサヌカイトを入手、利用したのであろう。

穴虫峠遺跡

穴虫峠遺跡は、春日山の南東山腹斜面に立地する（**図38**）。標高約一三〇〜一九〇メートルの崖錐斜面に三地点が遺跡として把握されている。二上山北麓遺跡群のなかでも遺物採集量が多く、『ふたがみ』刊行当初は石核形態の多様性とともに瀬戸内技法関連遺物が注視された。現在まで発掘調査はされていない。

ちなみに二上山北麓遺跡群の大阪府側は地元のブランド品「河内ワイン」の一大生産地でもあり、ここかしこにブドウ畑がひろがっている。斜面地での畑作業

図38 ● 穴虫峠遺跡遠望（南東から）
春日山の南東山腹斜面は崖錐堆積物でできている。

にサヌカイトは邪魔物なので、昭和四〇年代まではブドウ畑の隅々にサヌカイトがうず高く積まれていたという。旧石器文化談話会による踏査活動の当初は、このような通称「石塚」とよんでいたなかから、みごとなサヌカイトの石器を多数抜きだしていたという。

今池遺跡

今池遺跡は、春日山西麓の崖錐斜面に立地する（**図39**）。標高約六〇～一四〇メートルあたりに遺物が散布する。一九七九年に広域農道工事にともなって大阪府教育委員会による発掘調査が実施された。

調査対象地の標高は約七二～八六メートルで、斜面の傾斜が二〇～三〇度もあり、当然遺物の層位的出土は望めない。調査は幅一メートルのトレンチ一〇本を設定しておこなわれた。深さ約二メートルまでは厖大なサヌカイト遺物がるいるいと埋まっており、さらに深くまで遺物が埋蔵される部分は調査

図39 ● 今池遺跡周辺の景観（北から）
周囲にはなだらかな丘陵地がひろがっており、点在するビニールハウスはブドウ畑である。

の手がおよんでいない。
概要報告書に全体の一部分の点数が示されている。ナイフ形石器三二点（うち国府型二五点）、翼状剝片約二〇〇〇点、翼状剝片石核約五〇〇点、敲石は一四七点、台石《だいいし》八点（敲石・台石にはサヌカイト以外の石材を含む）、楔形石器一四三点、有舌尖頭器《ゆうぜつせんとうき》一点、両面加工尖頭器約五〇〇点、そのほか厖大な剝片、石核である。旧石器時代から縄文時代を中心とした石器製作跡で、穴虫峠遺跡とともに石材原産地遺跡の代表的あり方を示している。

飛鳥新池遺跡

飛鳥新池遺跡は、羽曳野市飛鳥に造られた灌漑用溜池（新池）をとりかこむ丘陵に三地点が遺跡として把握されている（**図40**）。この遺跡は一九五六年に二上山文化総合調査の一環として、先史班によって試掘調査のメスが入った記念碑的場所である。これ以降、発掘調査はなされていない。三地点で多彩

図40 ● 飛鳥新池遺跡の景観（1970年ごろ）
飛鳥新池の西側丘陵中腹の観音塚古墳
（国指定史跡）から撮影。

な採集遺物があるが、帰属時期がわかる遺物で瀬戸内技法関連のほかは数量がごく少ない。

地獄谷遺跡

地獄谷遺跡は『ふたがみ』刊行後の一九八一年に発見された遺跡である。標高二五四メートルの大師山（柏峰）から西へのびる丘陵の先端斜面に立地し、標高は一〇〇〜一二〇メートル（**図41**）。

当初の採集遺物はc地点としたところから五〇九点を数え、埋蔵が予想される遺物量は豊富である。すべてが旧石器遺物とはかぎらないが、国府型ナイフ形石器五点、翼状剥片一一八点、翼状剥片石核四二点、盤状剥片五九点、盤状剥片石核九点という採集数量の約四六パーセントもの瀬戸内技法関連遺物がある。

発掘調査は試みられていない。なお、東南約三〇〇メートルにはもう一つのサヌカイト産出地「石マクリ」があるが、本遺跡の遺物とは礫面の状態がまったく異なる。

図41 ● **地獄谷遺跡遠望**（北東から）
左の大師山（柏峰）にかくれているが、山塊の後方に「石マクリ」がある。

第4章　瀬戸内技法の復元

1　瀬戸内技法に特化した遺跡群

以上みてきたように、二上山北麓遺跡群はサヌカイト原礫の原産地遺跡群である。日本列島には多数の石材原産地遺跡があるが、旧石器時代の二上山北麓遺跡群の特徴は、なんといっても「瀬戸内技法」（**図42右**）という方法でつくられた石器とその製作の痕跡ばかりだということである。

桜ヶ丘第一地点遺跡で一九七五年以来数次にわたる発掘調査でみつかった純粋な旧石器包含層は、ことごとく千年を単位とする時間のなかで当時の人びとの活動が累積しているわけだが、出土する遺物のほとんどが瀬戸内技法によるというのは非常に特徴的なことである。

二上山北麓遺跡群のサヌカイト旧石器群に、他地域では一般的な角錐状石器や二側縁加工ないしは切出形のナイフ形石器（これらの石器は狩猟用の槍の穂先に使われたと考えられている）などがみつかることはきわめて稀だ。また石刃技法も散見されるが、石刃が定型的な石器に二次加工される頻度は著しく低い。石刃技法は剝離した石刃をナイフ形石器や掻器、彫器など規格的な石器に加工するのが最大の特徴であるが、サヌカイトの石刃を定型的な石器に加工することは稀である。

日本列島各地にあまたある石材原産地遺跡群においても、石器製作でこれほど特定の剝離技術に固執した利用状況は数少ない。

2 瀬戸内技法の解明

鎌木・高橋復元の瀬戸内技法

瀬戸内技法とは、一九六〇年に鎌木義昌によって提唱された石器製作手法である。鎌木が、一九五七・五八年に国府遺跡の発掘調査で出土した石器群を、高橋護とともに分析することでみいだした。その剝離工程を図解では、「あたかもサシミを切るように」という文言ととも

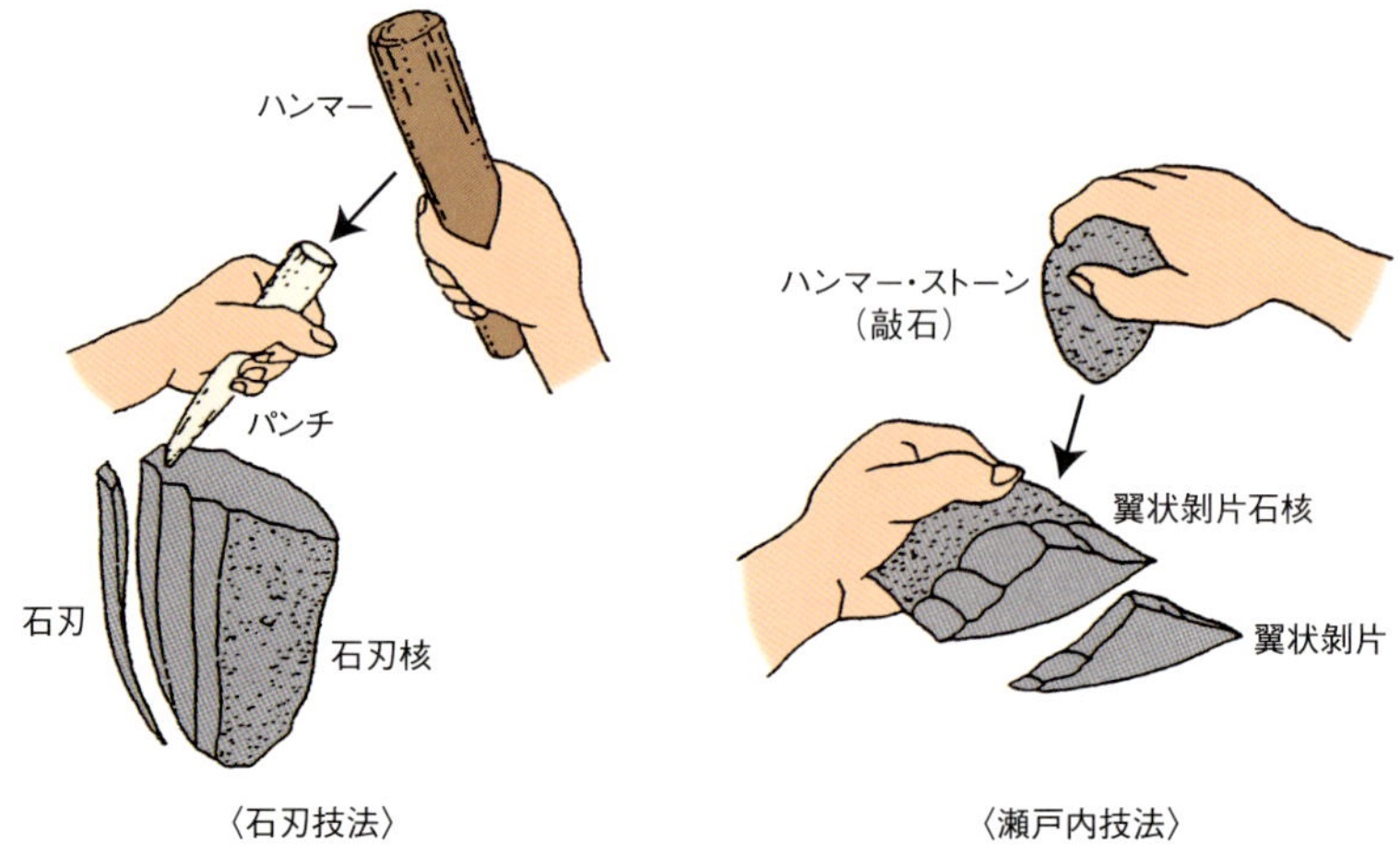

図42 ● **瀬戸内技法**（右）**と石刃技法**（左）
翼状剥片は横にひろがった横長の剥片で、
石刃は縦に細長い縦長の剥片である。

に、システマティックな剥離技術として急速に理解されていった（**図43**）。東日本の石刃技法（**図42左**）と対比されることで、西日本の地域性としてとらえられた。

松藤復元の瀬戸内技法

これにたいして松藤和人は、二上山北麓遺跡群の踏査活動をつづけることで瀬戸内技法を示す諸遺物が蓄積し、観察眼を鍛え、鎌木・高橋復元の瀬戸内技法とは異なる、よりシステマティックな剥離技術として復元した（一九七四年）。それはつぎのような石器製作法である（**図44**）。

①原礫から分厚い剥片を剥がしとる。これを「盤状剥片」とよんでいる。〔第1工程〕

②つぎに盤状剥片の一端（打面）に、「山形」の調整ないしは整形剥離をほどこして、その「山形」の頂点を打撃して、薄い剥片を剥がしとる。これを「翼状剥片」とよんでいる。残ったほうは「翼状剥片石核」という。〔第2工程〕

③そして、剥がしとった翼状剥片の腹面側（剥片が剥がされる際の割れ面を「腹面《ふくめん》」といい、その反対面を「背面《はいめん》」という）を

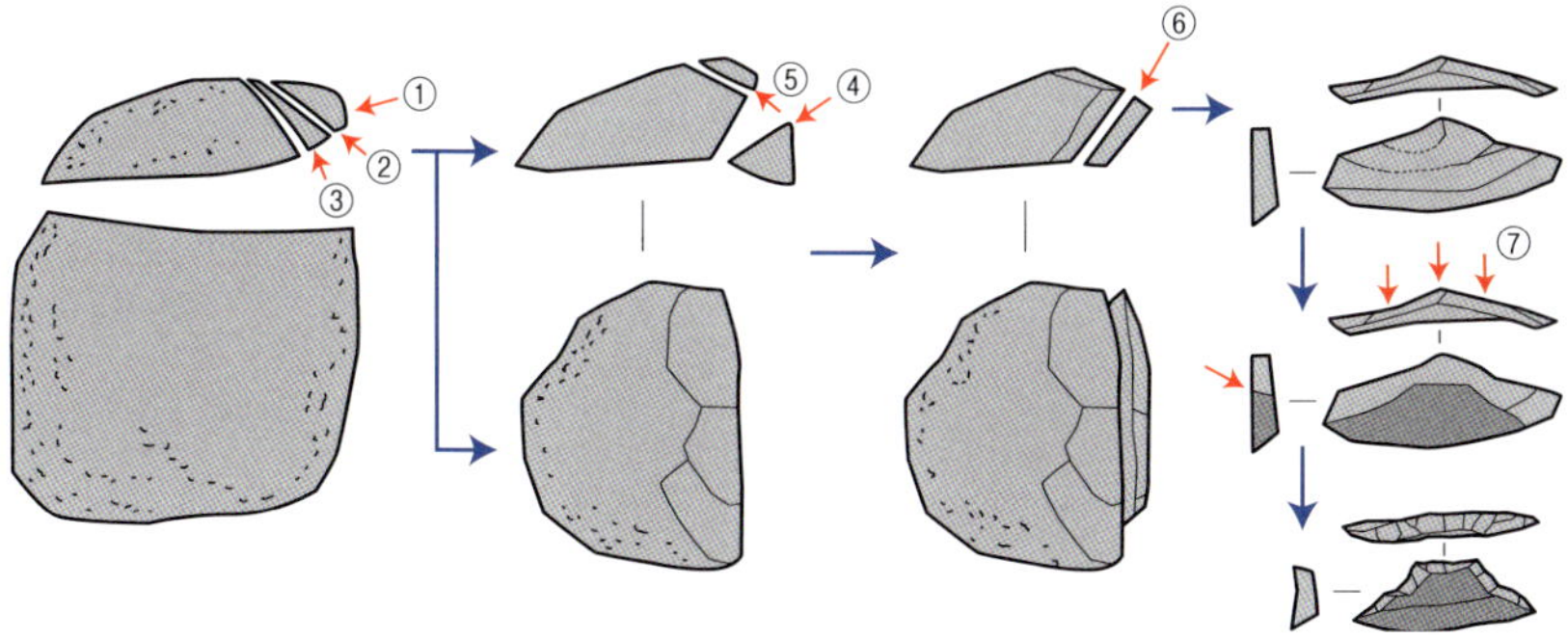

図43 ● 鎌木義昌・高橋護復元の瀬戸内技法概念図
①〜⑦は剥離の順番を、それに付された矢印は打撃する方向を示す（元の概念図を改変）。

打撃して打面部（剥片を剥がす際に打撃した石核の端が付着している。これを「打面」という）を除去することで、国府型ナイフ形石器を完成させる。〔第3工程〕

鎌木・高橋復元は、①で最初に剥がした剥片から、直接、翼状剥片を剥がす工程となっている。しかし、この方法ではけっして存在しえない翼状剥片が二上山北麓遺跡群から多数みつかったのである。

実際の翼状剥片には、背面が剥離面で、そこに打撃した痕跡の円形や半円形のキズが認められるのである。

この翼状剥片の剥離の順番は「背面→底面《ていめん》→打面→腹面」で、盤状剥片の打面から最初に剥がされた翼状剥片ということになる（ファースト・フレイクと名づけられた）。**図44**の「第2工程」の真ん中の剥がされた翼状剥片がこれに相当する。

このようなことから、松藤は剥離プロセスの①〜

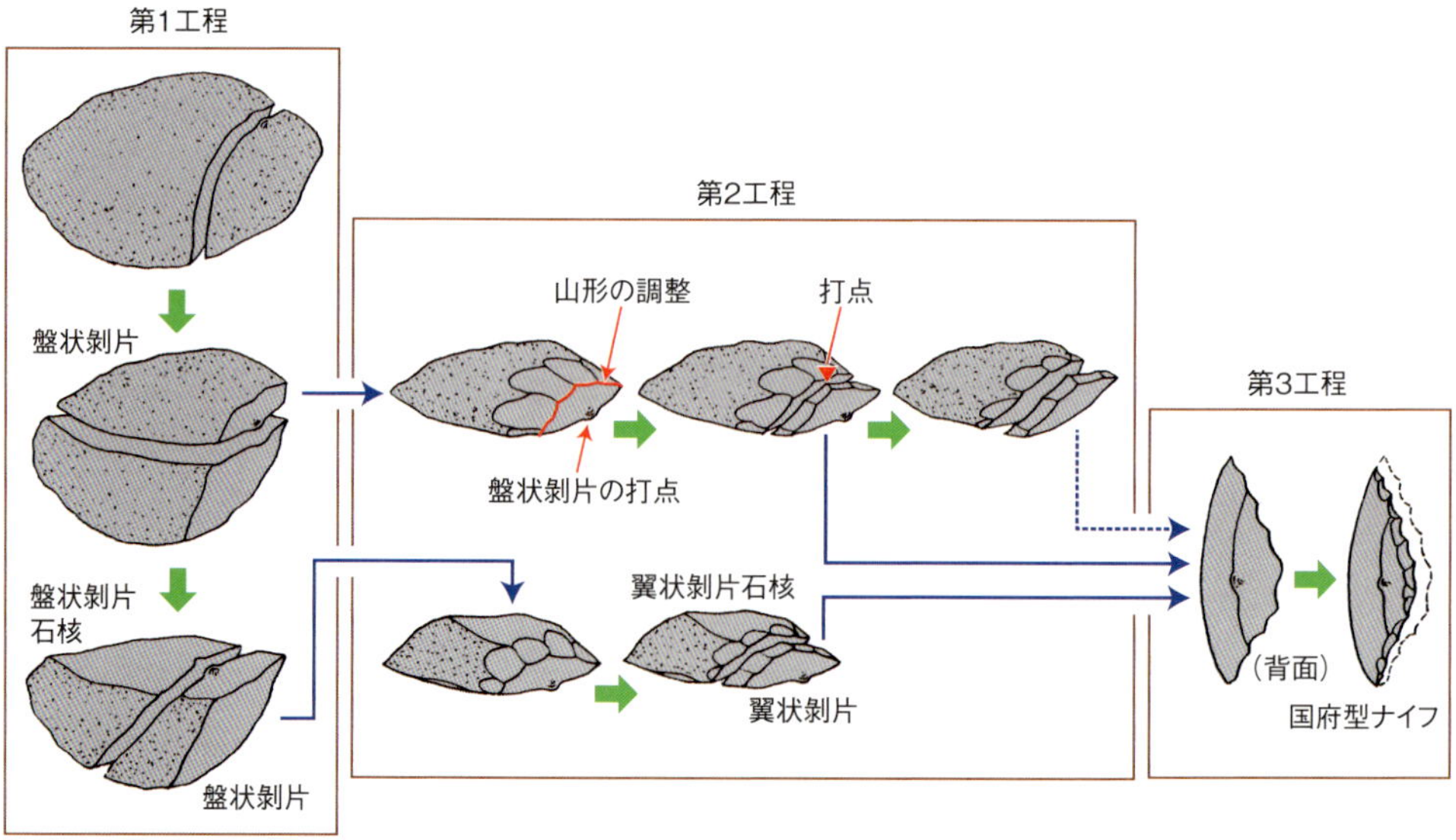

図44● 松藤和人復元の瀬戸内技法概念図
鎌木・高橋復元では盤状剥片の打面、打点が背面側にみられる翼状剥片や国府型ナイフ形石器は存在しない。

③を第1工程〜第3工程とよび、概念図を提示したのである。

松藤復元で重要なことは、「交互《こうご》剥離」という第1工程を実際の資料にもとづいて考えついたことである。交互剥離とは原礫をひっくり返しながら表裏で剥片を剥離することである。第1工程での残核は、原礫の表裏に広い剥離痕跡をもった、なんの変哲もない盤状剥片石核である。それは、剥ぎとられた盤状剥片のほうも同様である。後世の縄文・弥生時代にあっても、同種の剥片および石核はいくらでも存在する。よくもわずかな採集資料だけで、この工程

第１工程　原礫から分厚い盤状剥片を剥ぎとる

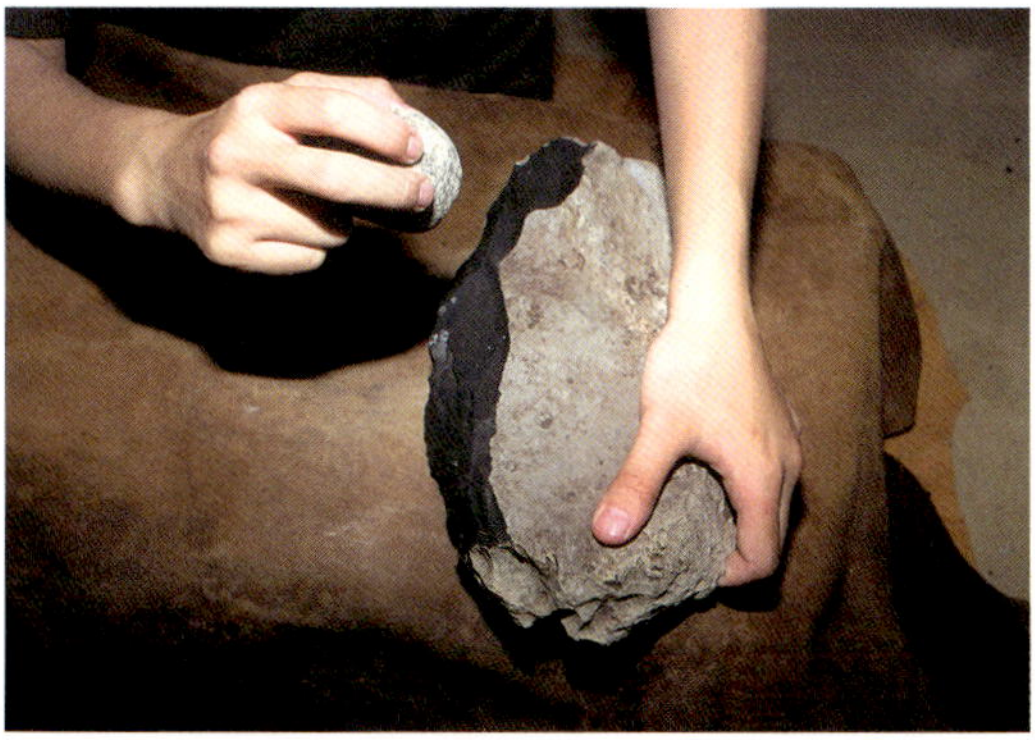

第２工程　翼状剥片石核から翼状剥片を剥ぎとる

第３工程　腹面側から翼状剥片の打面を除去する

図45 ● 瀬戸内技法の製作実験
サヌカイトの大きさに比例して、使う敲石も小さくなる。敲石は力を抑制、制御して振りおろす。

を考えついたものである。

その後、桜ヶ丘第一地点遺跡の発掘調査で、旧石器時代層から盤状剝片、盤状剝片石核が複数出土し、さらに鶴峯荘第一地点遺跡土坑2から出土した複数の接合資料から実証された。

松藤復元の瀬戸内技法は、実際の資料にもとづきそれぞれの遺物の属性分析からたんねんに導きだした剝離手法で、原礫の段階から最終の国府型ナイフ形石器製作に至るまで一貫して連動したシステマティックな剝離技術なのである。

瀬戸内技法のポイント

当初の鎌木・高橋復元のときは、瀬戸内技法の出現要因として石理《せきり》（石の目）が発達したサヌカイトの性状に着眼された（**図46**）。これは文化現象の「石材決定論」として一蹴されることもあったが、瀬戸内技法がサヌカイトの石理（板状に割れやすい性質）を大いに有効利用していることはまちがいない。

松藤は、第1工程の盤状剝片剝離に際して、第一撃からつねに半順目に剝離できるように制御されていたと指摘した（**図47右**）。これは、国府型ナイフ形石器の素材となる翼状剝片がつ

図46 ● サヌカイトの石の目
右上から左下へ斜めにみえる幾筋もの平行線が石理走向。

ねに順目に剥離されることを意味している。

「順目《じゅんめ》」とは石理走向に沿った剥離で、逆に石理走向に直交する剥離は「逆目《ぎゃくめ》」、両者の中間を「半順目《はんじゅんめ》」という（図47左）。順目の剥離はスムーズで、平滑な面がえられやすい。反対に逆目は大きく波打った剥離面が生じやすい。石器製作で有効なのは当然、順目の剥離である。

そこで、鶴峯荘第一地点遺跡土坑2の瀬戸内技法関連遺物で石理走向がはっきりと判読できる五九点（盤状剥片三四点・翼状剥片石核二五点）を検討してみた。その結果が**図48**である。また、国府石器群の代表のひとつである国府遺跡第三地点のそれ（盤状剥片一〇点・翼状剥片石核二四点）も参考にプロットしてみた。

グラフの横軸「角度a」は、盤状剥片が得られた面（主要剥離面）と石理走向のなす角度で、翼状剥片と国府型ナイフ形石器の底面と石理走向のなす角度でもある。縦軸「角度b」は、盤状剥片の打面、翼状剥片の主要剥離面、国府型ナイフ形石器の腹面と石理走向のなす角度を示す。つまり、角度aは第1工程での盤状剥片剥離と石理走向の関係を、角度bは第2工程での翼状剥片剥離と石理走向の

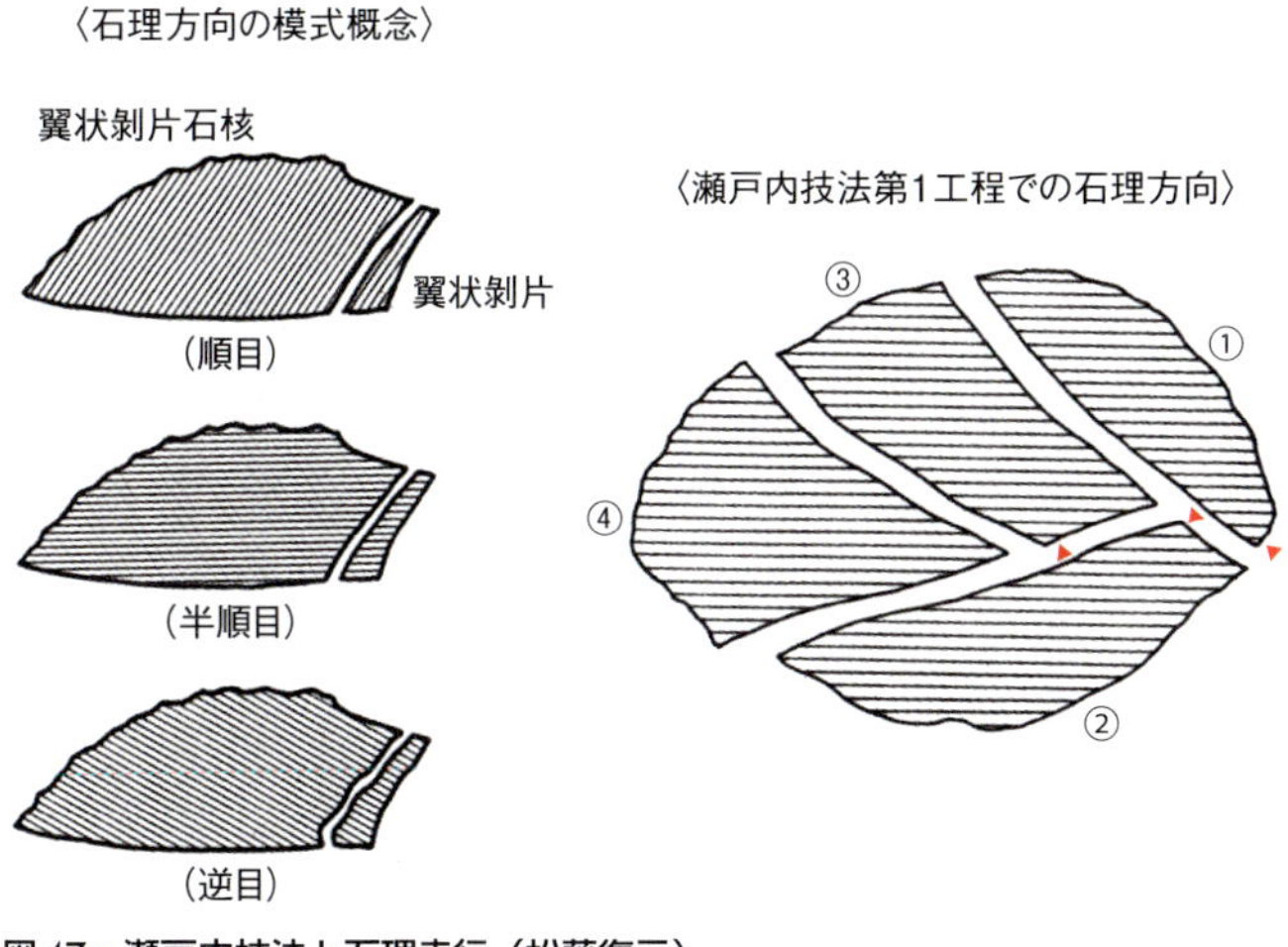

図47 ● 瀬戸内技法と石理走行（松藤復元）
右：▲は打点を示し、番号は剥離順で、②③は盤状剥片、④は盤状剥片石核。左：第2工程での翼状剥片剥離と石理走向の関係。

関係をあらわしている。石理走向と剥離面の位置関係は実際にはさまざまであるので、六〇度ずつ区切って三等分した。

すると、角度ａは、総数五九点のうち三八点（約六四パーセント）が順目で半順目は一七点（約二九パーセント）と順目・半順目方向が九三パーセントを占め、逆目はわずかに四点（約七パーセント）しかなかった。そして角度ｂも同じく、一八点（約三一パーセント）が半順目で順目は三八点（約六四パーセント）と順目・半順目方向が九五パーセントを占め、逆目はわずか三点（約五パーセント）であった。

この結果から、第２工程へ転用された翼状剥片石核は角度ａ（底面）が順目の資料一九点のうち角度ｂ（翼状剥片剥離）が半順目のものが一三点（約六八パーセント）で最多で、両方とも順目は五点（約二六パーセント）、底面ａが順目で翼状剥片剥離が逆目はわずか一点（約五パーセント）である。底面が半順目の資料は四点のみであった。つまり、半順目に剥離された盤状剥片は次の工程へはあまり利用されていないことがわかった。第１工程の段階で順目に剥離しようとする傾向がうかがえる（順目一九点・半順目一三点・逆目二点）。

相当ややこしい説明になったが、総じて盤状剥片の剥離は順目で、翼状剥片の剥離は半順目の傾向を示している。このことは第１工程で盤状剥片を石理走向に沿うように剥離することに重点を置いたようだ。そして平滑な主要剥離面がえられれば、半順目剥離の盤状剥片も翼状剥片石核に転用するのである。

松藤が指摘するように、瀬戸内技法は第１工程での盤状剥片剥離の成功が第２工程の翼状剥

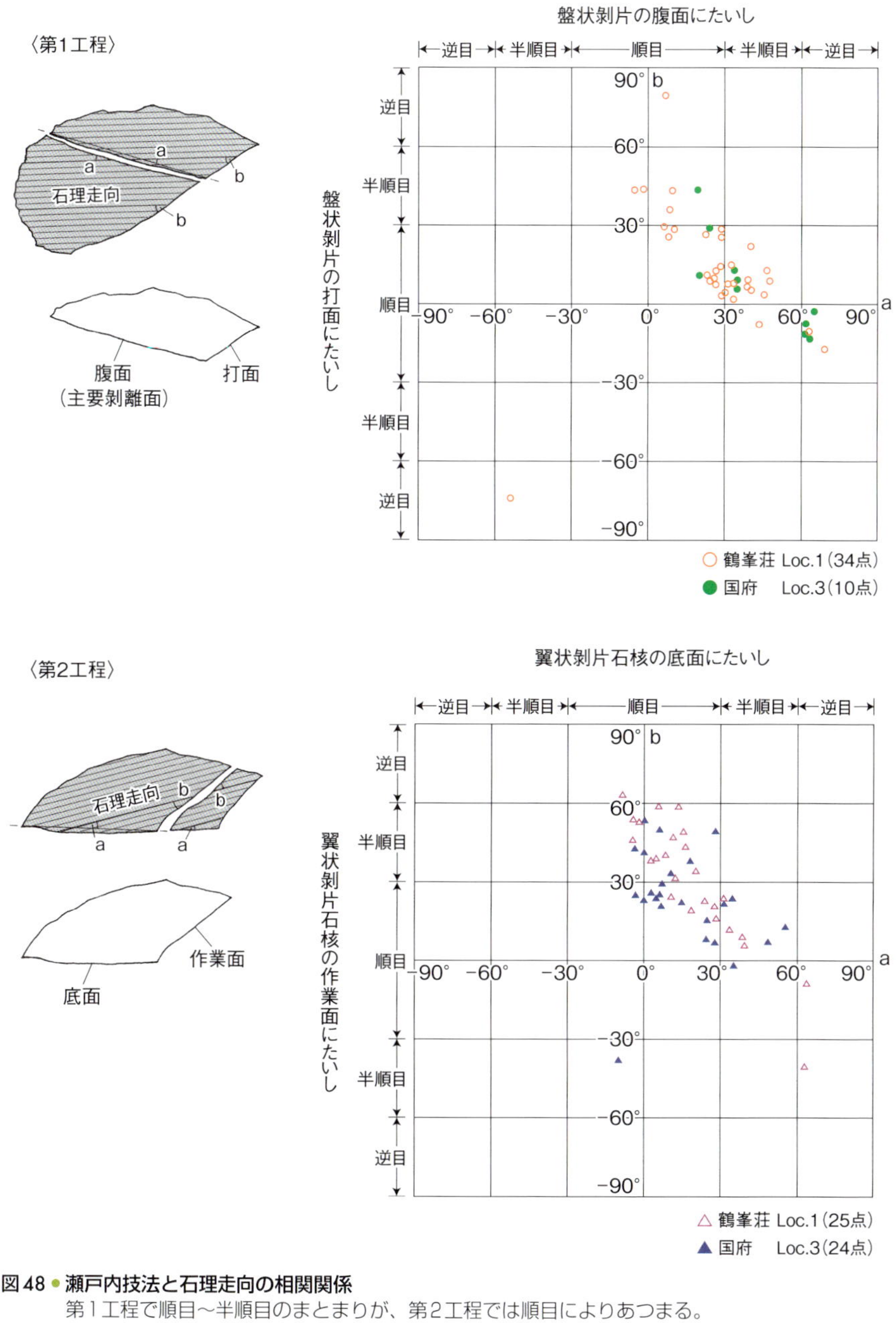

図48 ● 瀬戸内技法と石理走向の相関関係
第1工程で順目～半順目のまとまりが、第2工程では順目によりあつまる。
つまり底面が平らな盤状剝片を選択していたことがわかる。

片剥離を保証しているのであるが、その第一義的目的は平滑な底面を得ることで、そのことは翼状剥片の安定した末端縁辺（国府型ナイフ形石器の刃部《じんぶ》）の確保を保証することだったと考えられる。

3　瀬戸内技法の実際

松藤概念図に近い工程を示す資料

ここで、土坑2から出土した瀬戸内技法の代表的な接合資料（**図49**）の剥離プロセスをみてみよう。

接合資料№56は、盤状剥片石核、盤状剥片、翼状剥片石核、翼状剥片各一点、計四点で構成される（**図50**）。

サヌカイト礫の一端から最少五回の交互剥離で盤状剥片を剥離し（すべての剥離が成功したとはかぎらない。現に最終の盤状剥片は剥離事故で二分割し翼状剥片石核には転用されていない）、いちおう四枚目の盤状剥片が第2工程に移行しており、最後に剥離された翼状剥片が接合している。盤状剥片三枚、翼状剥片四～六枚ほどがここから搬出されたようだ。

本資料は松藤復元の概念図をほぼそのままのかたちで踏襲している。なお、交互剥離とは必ずしも一回の剥離ごとに打面を表裏入れ替える必要はなく、原礫の一端の両面から盤状剥片をえていればよい。

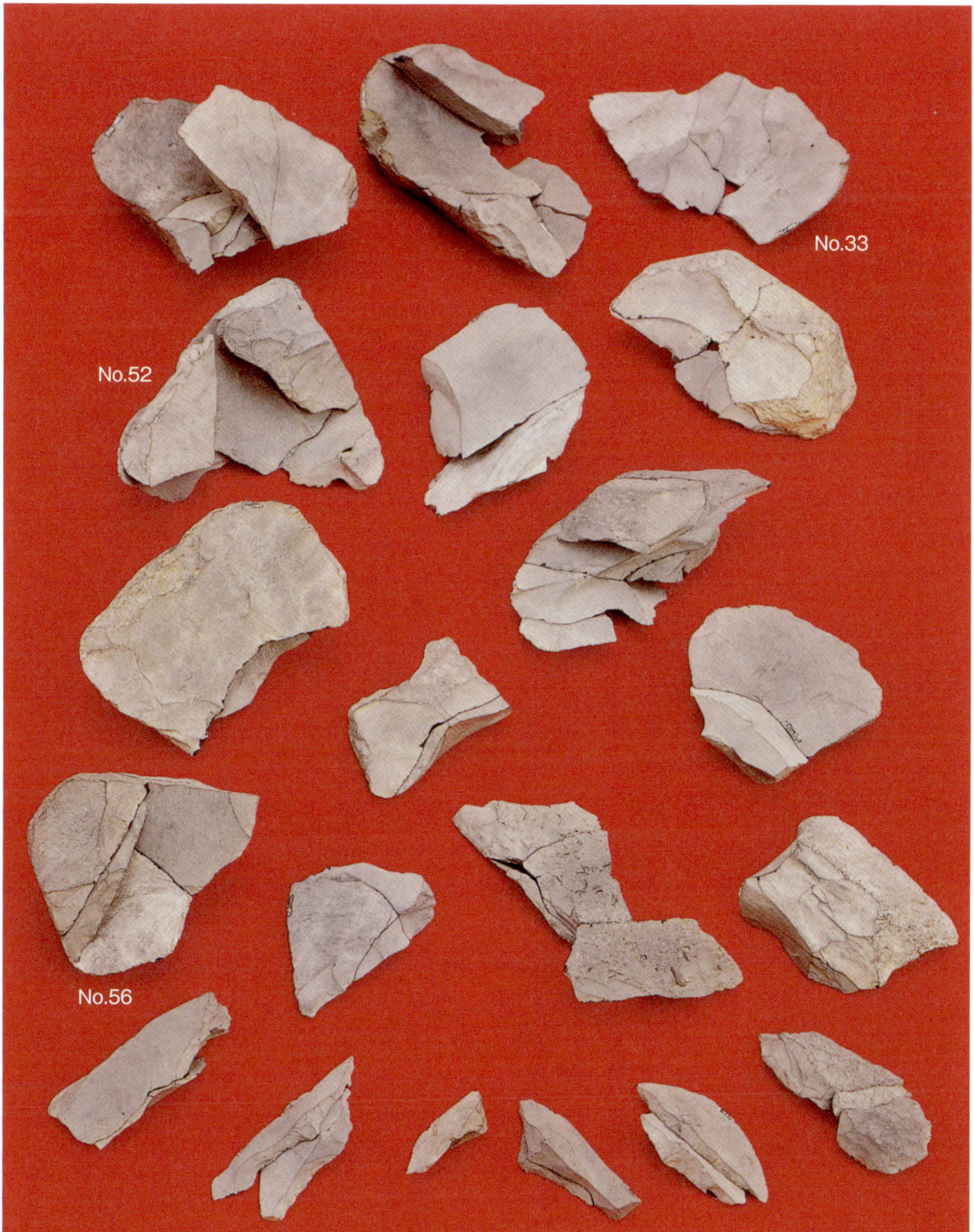

図 49 ● 鶴峯荘第 1 地点遺跡土坑 2 出土の接合資料
すべて瀬戸内技法に関連した接合資料。
No. を付した 3 例は本文で解説。

上面が下図のＢ面

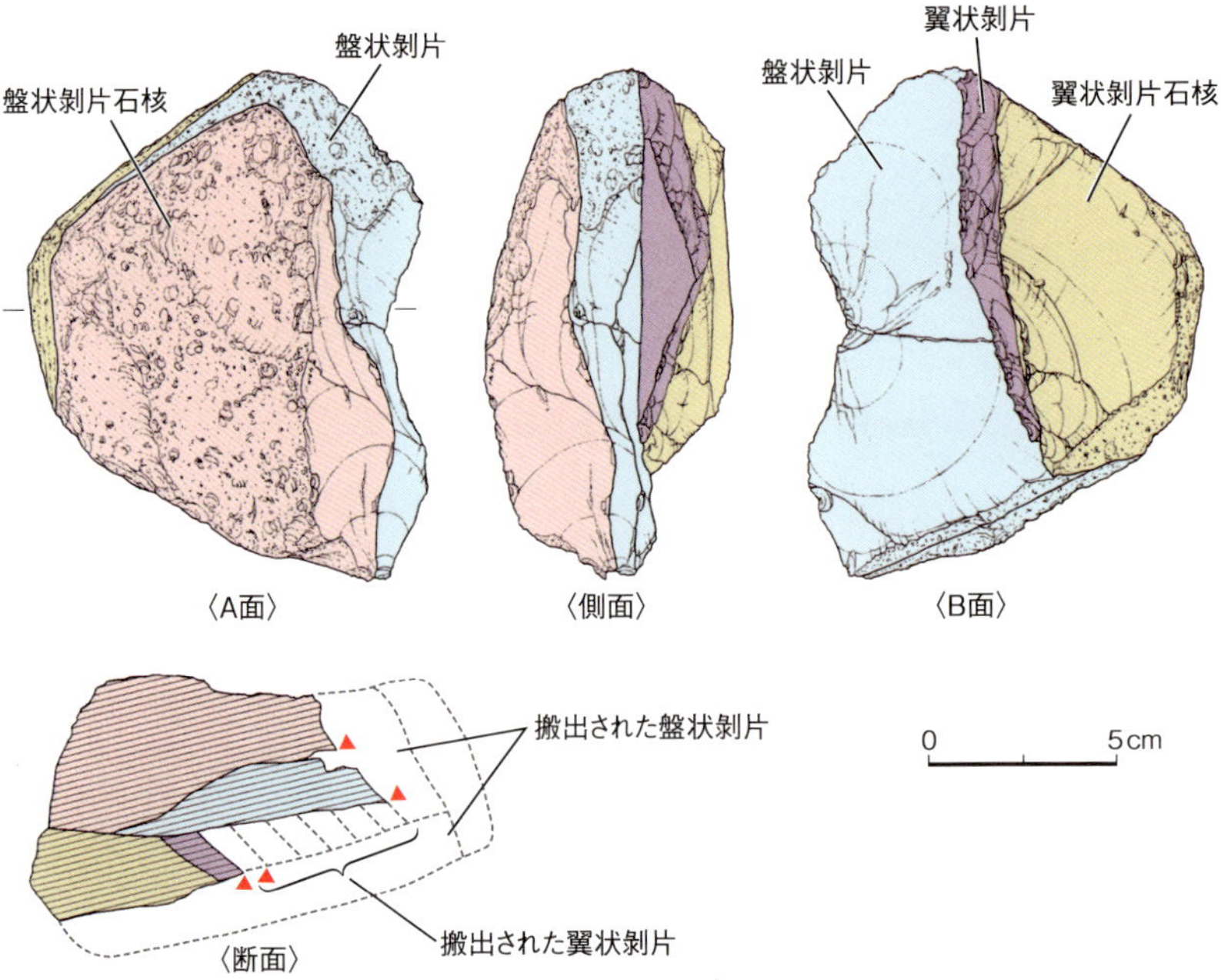

図50 ● 接合資料No.56
瀬戸内技法の第１・２工程を示す。断面図の斜線は石理方向。想定される搬出品を断面図に破線で示した。▲は打点。

元の原礫の大きさと形が推定できる資料

接合資料No.52は、盤状剥片石核、盤状剥片、剥片各一点、翼状剥片石核二点の計五点で構成される（**図51**）。サヌカイト礫の端部を一撃した接合剥片は大きさが小さかったためか翼状剥片石核に転用はされていない。ただ、礫面打面をとどめており、接合状態から元の原礫の大きさはおおむね二〇センチ×一五センチで厚さ七センチほどの扁平な亜円礫であったことがわかる。

その後の第1工程の剥離プロセスは接合の空白部が多くわかりづらいが、両面から三点の盤状剥片が剥がされ、二点は翼状

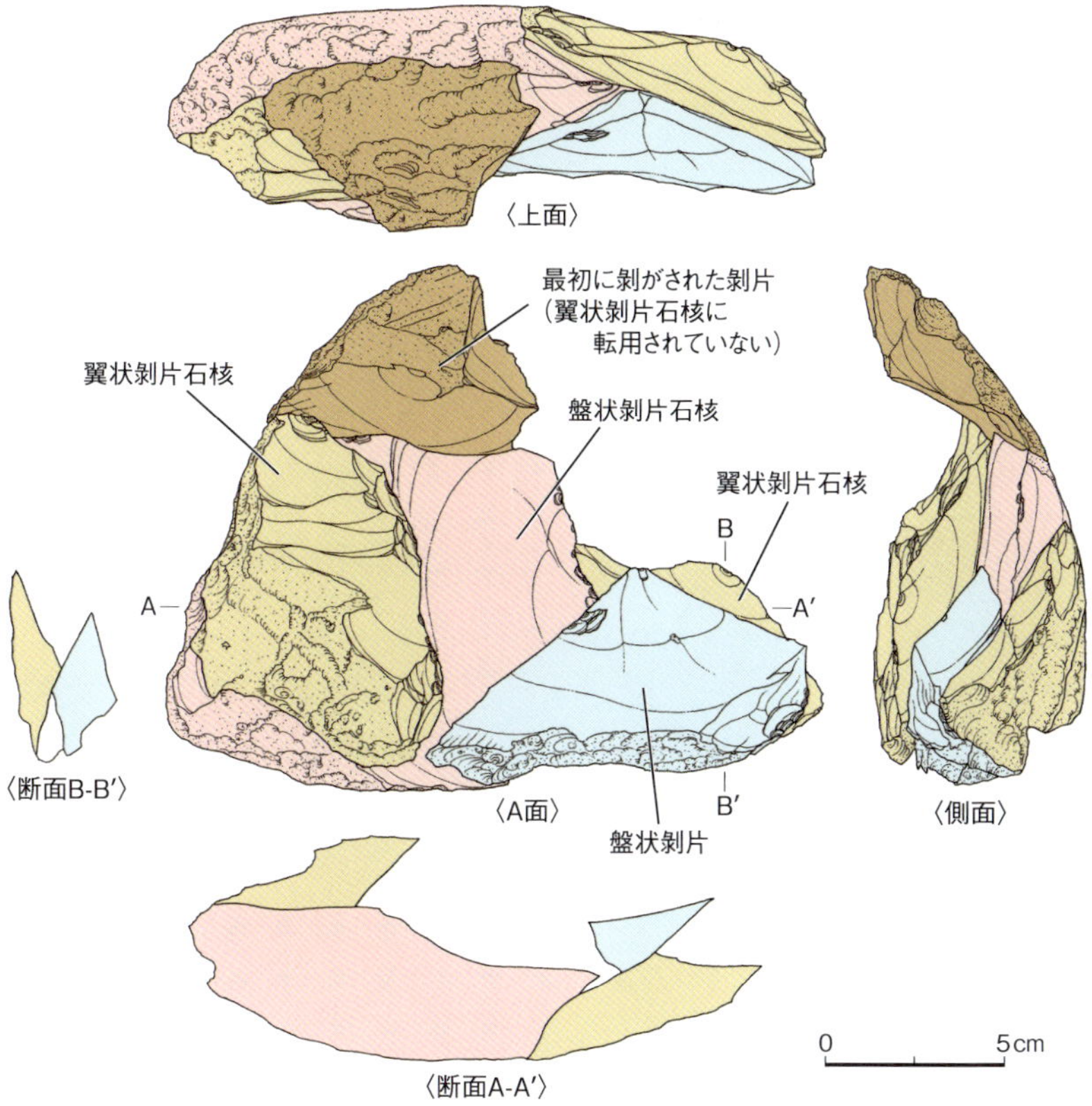

図51 ● 接合資料No.52
瀬戸内技法の第１・２工程を示す。

剥片石核に転用されている。一点の盤状剥片は打点部分から「縦割れ」した剥離事故が生じている。二点の翼状剥片石核に接合する翼状剥片はみあたらなかった。翼状剥片はすべて搬出されたようだ。

瀬戸内技法第1工程をまさに体現した接合資料

接合資料No.33は、盤状剥片三点と盤状剥片石核一点で構成される（図52）。三点の盤状剥片の片面（背面）は全面礫面におおわれており、原礫の表皮を剥がすことが目的のようだ。石理走向にやや逆らった剥離（半順目）となり、いずれも形状不良のためか翼状剥片石核には転用されていない。

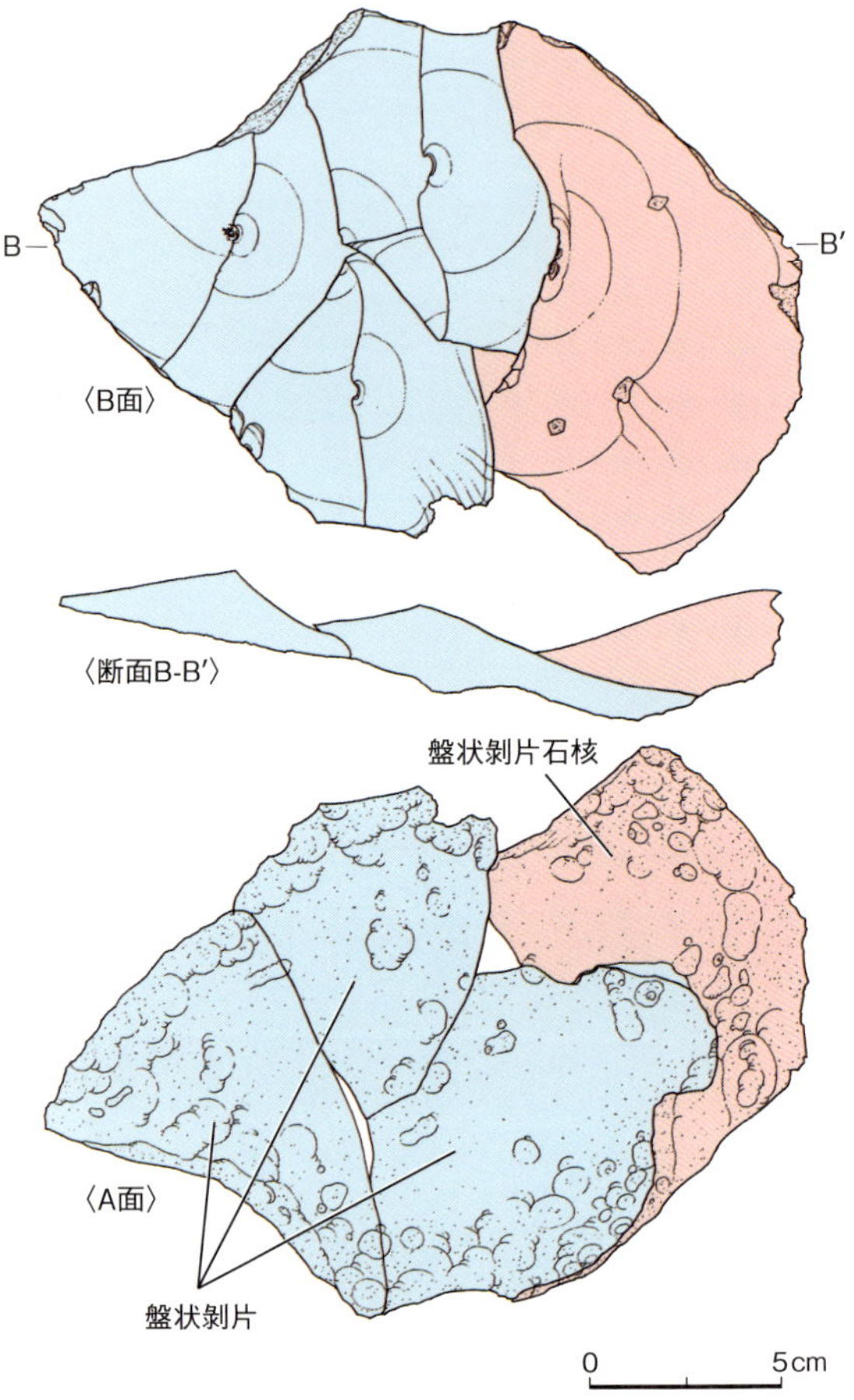

図52 ● 接合資料No.33
瀬戸内技法第1工程を示す。

この第1工程で、石理にそった順目の盤状剝片が四点でき（空白部）、第2工程の翼状剝片石核へ利用されたと考えられる（遺跡外へ搬出）。

剝離プロセスをみると、順目と半順目に一打撃ごとに原礫の表裏を六回入れ替えるという規則的な交互剝離が実践されている。松藤が復元した瀬戸内技法第1工程をまさに体現した接合資料である。

剝離プロセスと臨機応変の対処

以上みてきた接合資料は、松藤復元に近い瀬戸内技法の姿をみせているが、松藤は提示した概念図とは異なる実際の資料も積極的に公開している。

石器製作という行為には不可抗力がつきもので、しかも一撃一撃の剝離現象は人力では完璧には制御できない。遺物一つひとつで〝顔つき〟が異なる。松藤復元で提示された概念図は逸脱の許されない厳格な剝離プロセスというわけではなく、瀬戸内技法の最大公約数的姿を示したものである。いわゆる瀬戸内技法実践者の脳裏に描かれていた設計図である。それでも、瀬戸内技法を駆使した当時の人びとの脳裏には一定の剝離手法が想定できるからこそ、同類型と認定できる遺物が多数存在するといえる。それが提示された「概念図」なのである。

大阪府羽曳野市にある翠鳥園《すいちょうえん》遺跡は、瀬戸内技法の接合資料が豊富にみつかった遺跡としてよく知られている（**図53**）。剝離作業の全体像を読みとることができる原礫状態にまで戻った接合資料が一五〇個体もある。この石器群を分析した高橋章司は「瀬戸内技法」という名称を廃して、新たに「瀬戸内概念」を提唱している。

これは瀬戸内技法の第2工程をより多様に考えるもので、五つの手法が提示され、「垂直手法」「平坦手法」「単純入れ替え手法」「反復入れ替え手法」「片斜面斜軸手法」と名づけられた（図54）。

このうち「垂直手法」「平坦手法」は翠鳥園遺跡の瀬戸内技法接合資料の九〇・四パーセントを占めるが、これらは瀬戸内技法の第2工程そのものととらえることができる。また「単純入れ替え手法」「反復入れ替え手法」「片斜面斜軸手法」は、合わせても一〇パーセントにも満た

図53 ● 遺跡公園に整備された翠鳥園遺跡
みつかった石製遺物の集中部が模型や写真で再現してある。下の写真は出土した石製遺物。

ないもので、瀬戸内技法の変則的な剥離プロセスととらえることができるだろう。松藤復元でも当初から変則的な剥離が一〇パーセント程度は出現することを遺物を示して明言しており、筆者も鶴峯荘第一地点遺跡土坑２の石器群にも存在することを提示したことがある。目的とする翼状剥片や国府型ナイフ形石器をなんとか製作するために「目前のサヌカイトの状況」に臨

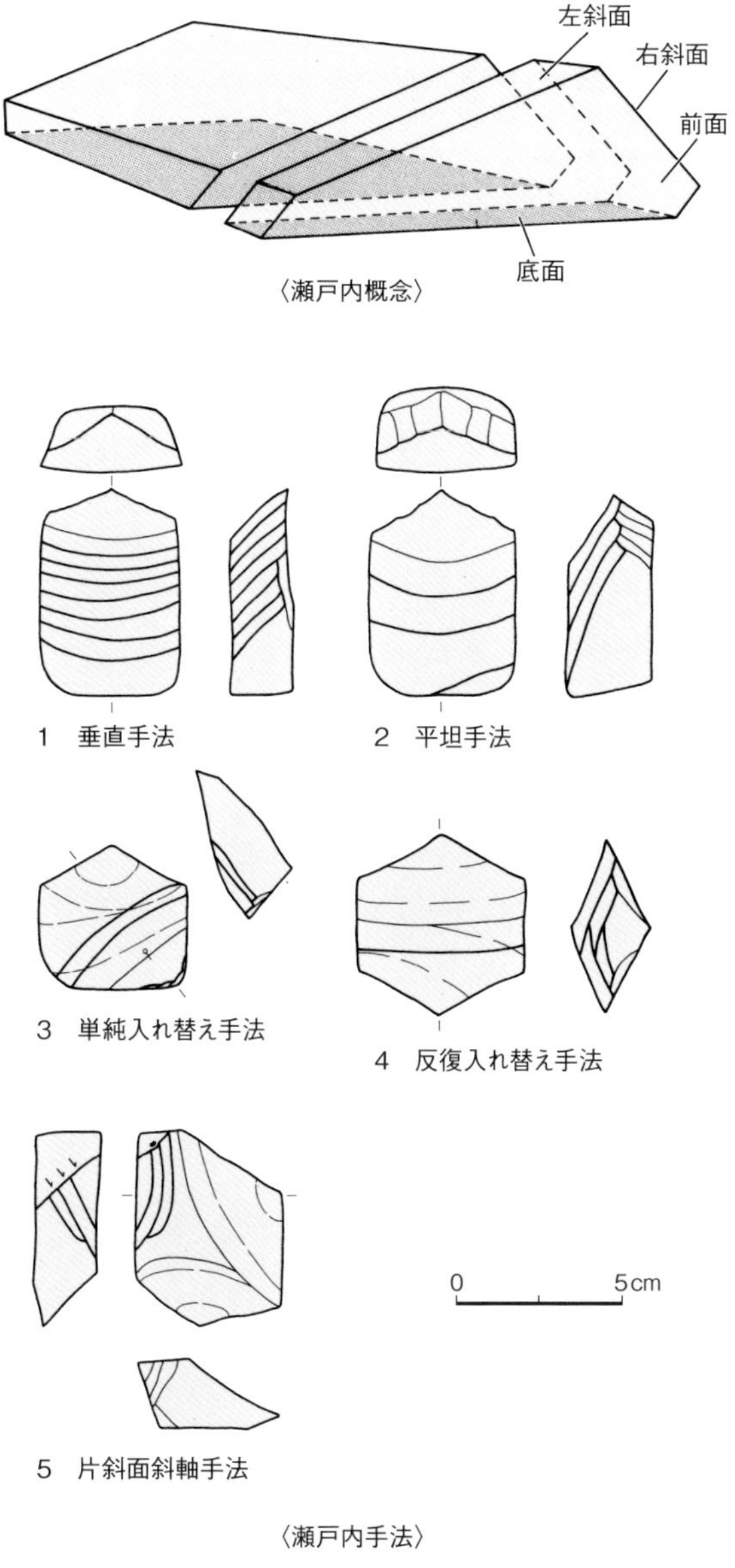

図54 ● 瀬戸内概念と瀬戸内手法（高橋章司復元）
瀬戸内概念（上図）とは、①すべての面は礫面でも剥離面でもよい、②底面は一つの面であるがその他は何面でもよい、③打撃は右斜面・左斜面のどこからでもよい、という。

機応変に対処した結果といえよう。

　こうしたことから、臨機応変的行動も含めたすべてを同等に評価しようとする「瀬戸内概念」は採用せず、あくまで瀬戸内技法のなかでとらえることができるのである。

世界的に特異な技法

　以上、瀬戸内技法は規格的なかたちの横長剥片（翼状剥片）をシステマティックに剥離し、狩猟具（槍の穂先）である国府型ナイフ形石器を量産する石器製作体系であることを示した。

　さて、ここで少し世界に目をむけてみたい。一九世紀のヨーロッパには、古代ギリシア・ローマ時代の文物を研究する古典考古学と文字の発明以前の時代をあつかう先史学の二つの潮流があり、このうち先史学研究のなかで「旧石器時代」は一八六五年に提唱された。日本では幕末のころである。これ以降、旧石器時代の調査研究は急速に進展し、今日までヨーロッパをはじめとしたユーラシア大陸、アフリカ、オセアニアなど世界各地で展開した旧石器文化が追究されてきている。そのなかで旧石器時代のさまざまな剥片剥離技術が解明されてきており、代表的な技法として「ルヴァロワ技法」「石刃技法」「細石刃《さいせきじん》技法」がよく知られている。

　ヨーロッパや西アジアに濃密に分布し、中期旧石器時代を代表するルヴァロワ

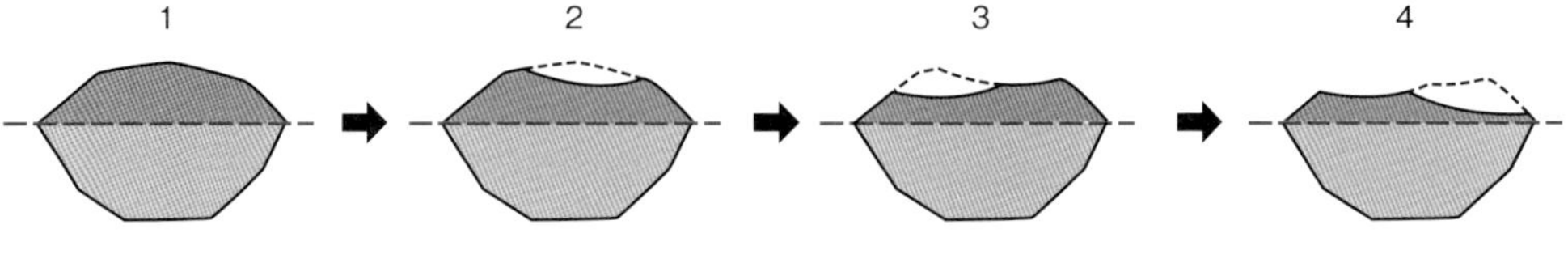

図55 ● ルヴァロワ概念（石核の断面図）
ルヴァロワ石核の容量変化が示してある（元の概念図を省略改変）。

技法の石核は「亀甲形《きっこうがた》石核」ともよばれ、石核の周囲から求心的に調整剥離や入念な打面調整をおこなうものである。近年は「ルヴァロワ概念」とよばれ、剥離作業において石核片面の剥片剥離作業面のふくらみを維持することに主眼がおかれているが、石器に使われる剥片の生産性は低い（図55）。

石刃技法は世界各地に分布し、後期旧石器時代の指標とされるものである。側縁が平行する規格的な縦長《たてなが》剥片＝石刃を連続的に剥離する（図42参照）。石刃を生産する石核作業面での稜《りょう》形成や胴部調整など各種の調整剥離がなされ、石刃が量産される。規格的な剥片を量産することで同じ瀬戸内技法とは、石刃が縦に長い剥片であるのにたいして、瀬戸内技法の翼状剥片は横に長い剥片（横長《よこなが》剥片）であるという大きなちがいがある。

後期旧石器時代末に流行した細石刃技法は、きわめて小さな石刃＝細石刃を量産する剥片剥離技術で、細石刃を剥がすための準備段階の調整剥離には各種ある。石刃と同じく細石刃も縦長である。

以上、剥片を石核に転用して、背面側に山形の打面調整（石核整形）をおこない、主要剥離面（腹面）側で石核幅いっぱいに鋭利な刃部をつくりだす、規格的な横長剥片の翼状剥片を量産する瀬戸内技法は、いまのところ日本列島以外では類例がなく、世界でも特異な石器製作法である。かつての古日本島に渡ってきたホモ・サピエンス（現生人類）集団がサヌカイトにめぐりあい、その石材の性質を熟知したうえで狩猟具の開発という社会の要請を受けて生みだされたのが瀬戸内技法である。

第5章　古本州島への波及

1　瀬戸内技法の誕生

近畿地方の地形区分と石器石材

近畿地方の地形は北から内帯山地、瀬戸内低地、外帯山地に区分されるが、これと整合するように考古学的にも、石器群の様相、とくに利用石材のちがいから北部、中部、南部に区別される。二上山周辺は中部に属する。そして中部がサヌカイトを一貫して利用するのにたいして、北部は地元産のチャートや流紋岩などをおもに用い、サヌカイトは補完的に活用する。そして南部は地元産の珪質頁岩《けいしつけつがん》を多用する地域である。

この近畿中部の瀬戸内低地には播磨平野、大阪平野、奈良盆地、京都盆地、琵琶湖盆地、和歌山平野などが点在し、それぞれに旧石器遺跡が分布する。その立地は台地（段丘）上のことが多い（**図56**）。もっとも、未発見の大阪平野の低地では一〇メートル以上の厚さをもつ沖積《ちゅうせき》

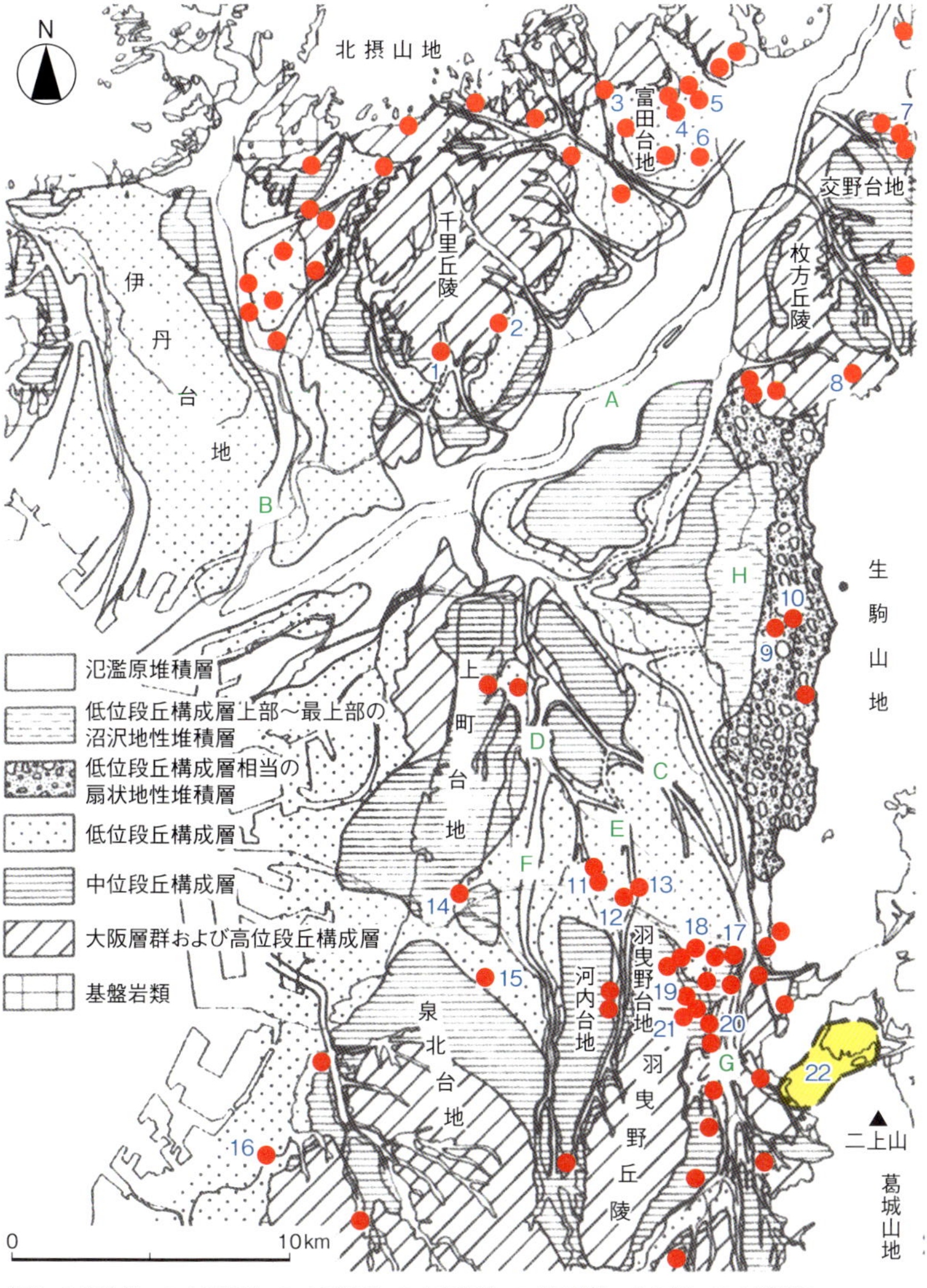

A 淀川　B 猪名川　C 古長瀬川　D 古平野川　E 古東除川　F 古西除川　G 石川　H 古深野沼
1 粟生間谷遺跡　2 古志部遺跡　3 塚原遺跡　4 郡家今城遺跡　5 郡家川西遺跡　6 津之江南遺跡　7 藤阪宮山遺跡　8 星田布懸遺跡　9 鬼虎川遺跡　10 神並遺跡　11 瓜破・瓜破北遺跡　12 長原遺跡　13 八尾南遺跡　14 山之内遺跡　15 南花田遺跡　16 大園遺跡　17 国府遺跡　18 西大井遺跡　19 はさみ山遺跡　20 翠鳥園遺跡　21 青山遺跡　22 二上山北麓遺跡群

図 56 ● 大阪平野の旧石器遺跡と二上山北麓遺跡群（黄色部分）
上町台地の東西は沖積層が厚く堆積する大阪平野の低地で、
旧石器遺跡の空白地である。

層《そう》の下に埋もれている旧石器遺跡を発見できずにいるのであろう。

近畿地方の旧石器の変遷

瀬戸内技法はいつごろ盛行したのであろうか。近畿地方における旧石器編年は一九六五年の鎌木義昌の「瀬戸内編年」を嚆矢とする。その後、一九八〇年に松藤和人が「近畿編年」を発表した。

南関東のような整然としたローム層の堆積がない近畿中部では、それぞれの編年案を実証することがはなはだ困難である。筆者が絹川一徳と共同で二〇一〇年に発表した編年案では、AT（姶良Tn火山灰）降灰以前に第1・2段階、降灰以降に第3・4・5段階を設定した。基本的な考え方はサヌカイトを中心にすえた剥片剥離技術、石器製作技術の変容過程である（図57）。

第1段階は部分加工した小形石器が主体の石器群、第2段階はナイフ形石器群の出現時期、第3・4段階で瀬戸内技法を含む「有底横長剥片剥離」が卓越する。有底横長剥片剥離技術とは、石核に転用する剥片の主要剥離面（腹面）を刃部にとりこむように横長の剥片を剥離する技術のことである。

そして最後の第5段階は有底横長剥片剥離技術でない小形ナイフ形石器を主とする。瀬戸内技法は第4段階までその命脈は保っているが、近畿地方では第5段階で消滅したようだ。縄文時代のはじまり、草創期の初源を約一万六〇〇〇年前とみた場合、第4段階は二万年前あたりに相当しよう。第4段階においてナイフ形石器の形態や大きさに第3段階よりもバリエーションが生じているのは、絶滅へむかう大型陸棲《りくせい》哺乳動物の急減にともなって中型陸棲哺乳動物へ狩猟の比重が増大したためとも考えられる。

瀬戸内技法の出現プロセス

瀬戸内技法を技術基盤とした国府石器群は第３段階に位置づけられる。ＡＴ降灰後の二万五〇〇〇年前ごろのことである。

瀬戸内技法の出現プロセスが判然としていないが、地域伝統としての横剥ぎの剥離技術のなかで特定の大きさや形態の石器を志向した結果と考えられる。

第１段階では大阪市南部の長原遺跡から、ＡＴより下位の地層から横剥ぎの剥離技術を示す後期旧石器時代初頭の石器群が出土している（**図58**）。

第２段階には、近畿北部の兵庫県丹波《たんば》篠山《ささやま》市の板井《いたい》寺《てら》ケ《が》谷《たに》遺跡（**図59**）や兵庫県丹波市の七《なぬ》日市《かいち》遺跡などから瀬戸内技法に類似する石器が出土している。

また、近畿中部においてＡＴ上位のあまたの石器群も横剥ぎ技術が支配的である。サヌカイト製の石器群で縦剥ぎの石刃技法が優勢なのは奈良市法華《ほっけ》寺南《じみなみ》遺跡がほぼ唯一の例であろう。

旧石器人がサヌカイトに着目して石器の石材として開発した当初は、横剥ぎ技術は鮮明ではなく、不定形の小形剥片を剥取する技術からしだいに横剥ぎの技術を会得していったと予想される。ただし、試行錯誤があったとしても徐々に完成していったわけではなく、ある時点で氷解するように体得できたと理解している。これは筆者が試みてきた石器製作実験からの体感で

図57 ● 近畿地方の旧石器の変遷

瀬戸内技法が主体の国府石器群は第3段階。第4段階の破線より下は角錐状石器や瀬戸内技法をともなう石器で、破線より上は瀬戸内技法ではない有底横長剥片剥離技術が主体の石器群である。

（次ページにつづく）

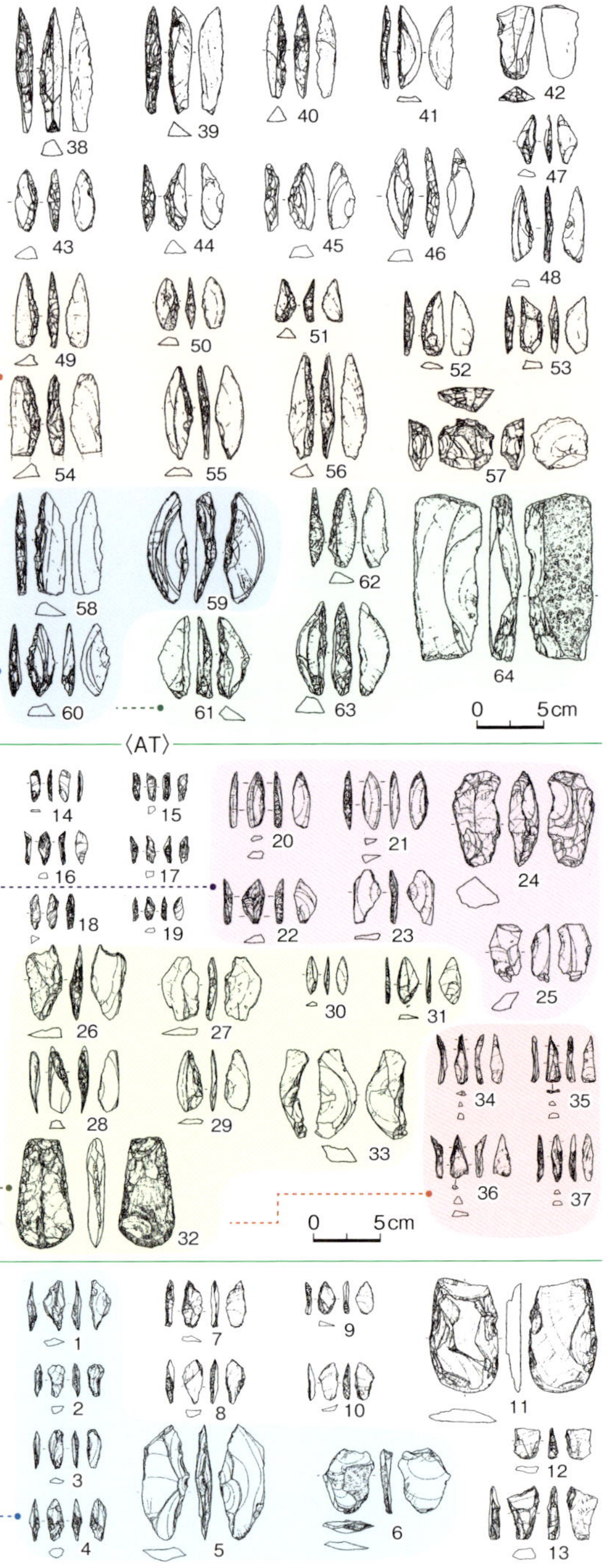

〔第3段階〕

38〜42 郡家今城遺跡C地点

43〜48 はさみ山遺跡85-7区

49〜57 翠鳥園遺跡上層石器群

58〜60 国府遺跡第3地点

61〜64 桜ヶ丘第1地点遺跡

〔第2段階〕

14〜19 七日市遺跡第Ⅲ文化層

20〜25 七日市遺跡第Ⅳ文化層

26〜33 板井寺ケ谷遺跡下位文化層

34〜37 法華寺南遺跡

＊ ATより下位の台形様石器とは、長さが2〜3cmの小形で、加工の頻度が低く、形は定まっていない。1〜4がこれにあたる。

〔第1段階〕

1〜6　長原遺跡90-62次調査地

7〜13 七日市遺跡第Ⅱ文化層

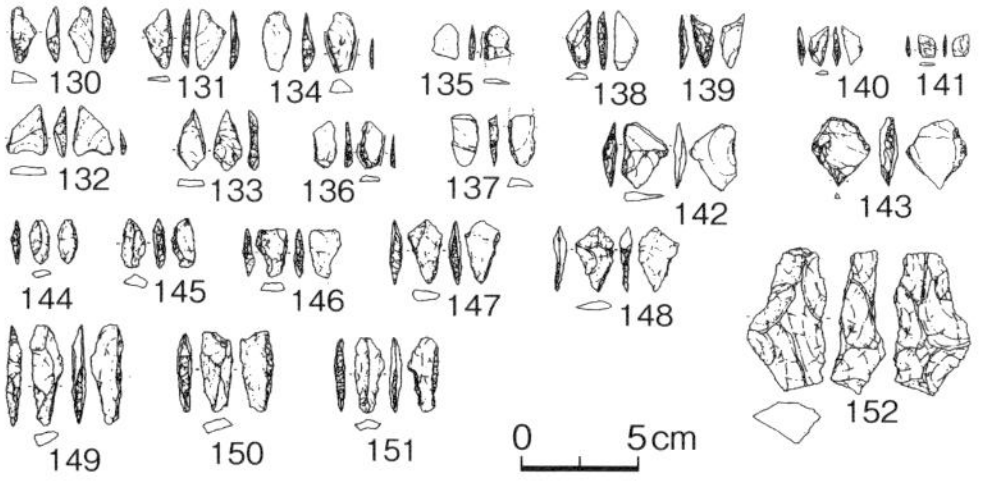

〔第5段階〕
130〜133 星田布懸遺跡
134〜137 大園遺跡
138〜143 八尾南遺跡第2地点
144〜152 西脇遺跡

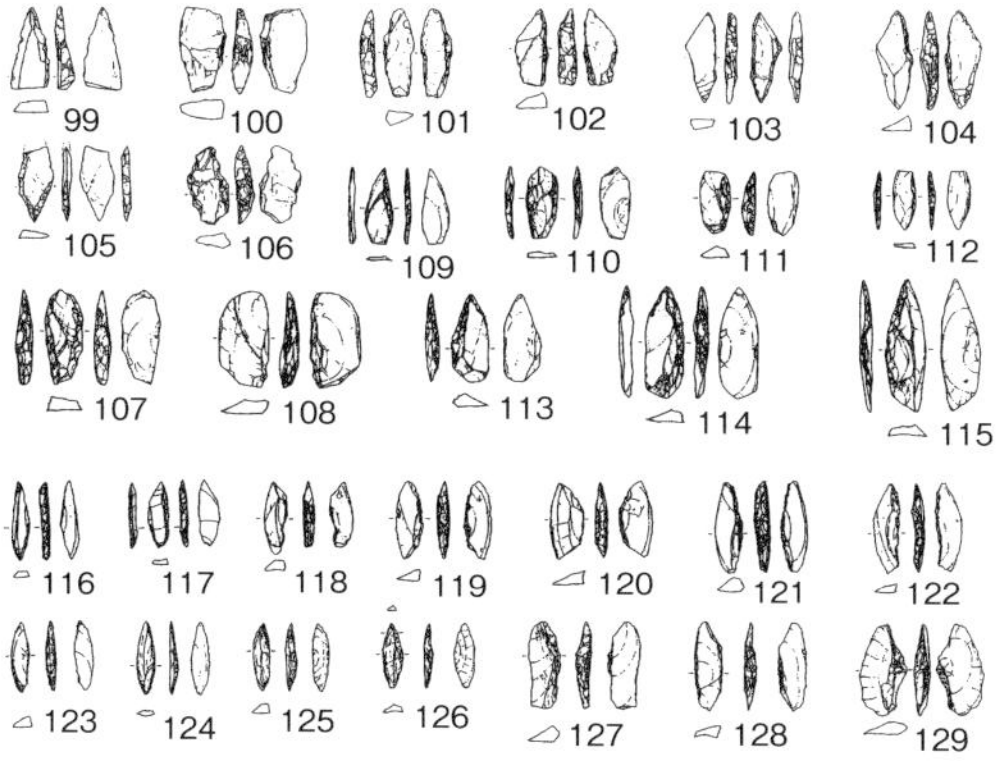

〔第4段階〕
99〜106 藤阪宮山遺跡
107〜115 碇岩南山遺跡
116〜122 長原遺跡89-37次調査地
123〜129 八尾南遺跡第6地点

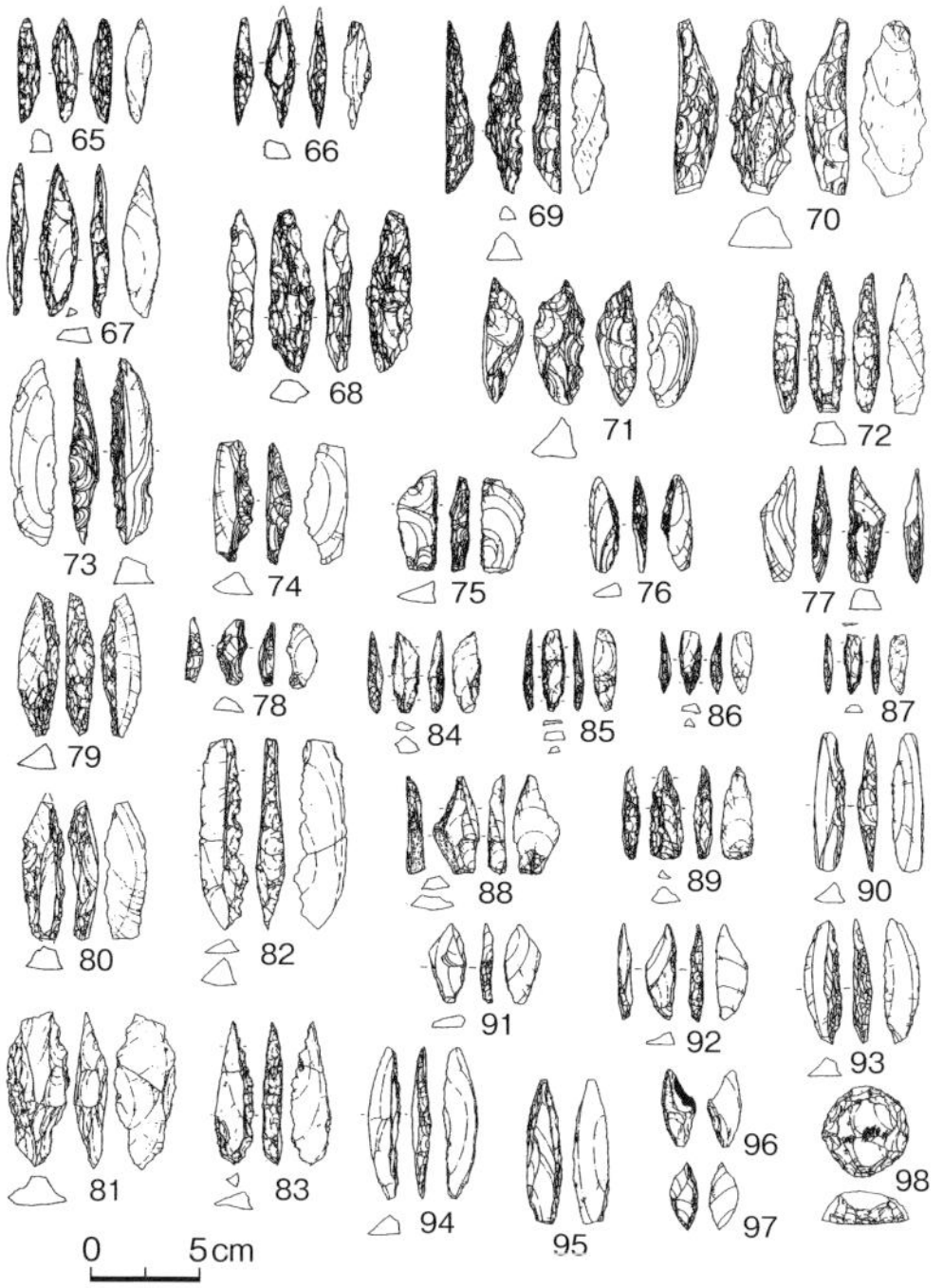

＊角錐状石器（65〜67・69〜72）は剝片の周囲を加工して先を尖らせ、断面が三角形や台形を呈する。槍の穂先と考えられる。

＊切出形ナイフ形石器（77・92 など）は刃部を除いて両側部を加工し、石器の縦軸にたいして刃部は 45°程度斜めになる。

〔第4段階〕
65〜68 板井寺ケ谷遺跡上位文化層
69〜71 国府遺跡第6地点
72　郡家川西遺跡H地点
73〜78 八尾南遺跡第3地点
79〜81 津之江南遺跡C地点
82〜89 長原遺跡97-12次調査地
90〜93 南花田遺跡
94〜98 粟生間谷遺跡ブロック6

もある。

　不定形の小形剥片を剥ぎとる技術とは、奈良県三郷《さんごう》町の峯ノ阪《みねのさか》遺跡下層出土の石器群が好例である（**図60**）。ややや扁平な石材の両面から無作為に薄く剥片を剥がした場合（平坦剥離技術）、剥がされた剥片の打面の反対縁には通常鋭い刃部ができるが、刃部の長さや形状が一定にはなりがたい。

　これにたいして横剥ぎ技術は、分割した剥片を石核に転用してその平坦な剥離面を刃部にと

図58 ● 長原遺跡（大阪市）**出土の旧石器**（大阪市指定文化財）
ＡＴより下位から出土。下段右２点は横剥ぎの剥離技術を示す石核（削器に転用）。瀬戸内技法誕生以前の石器群。

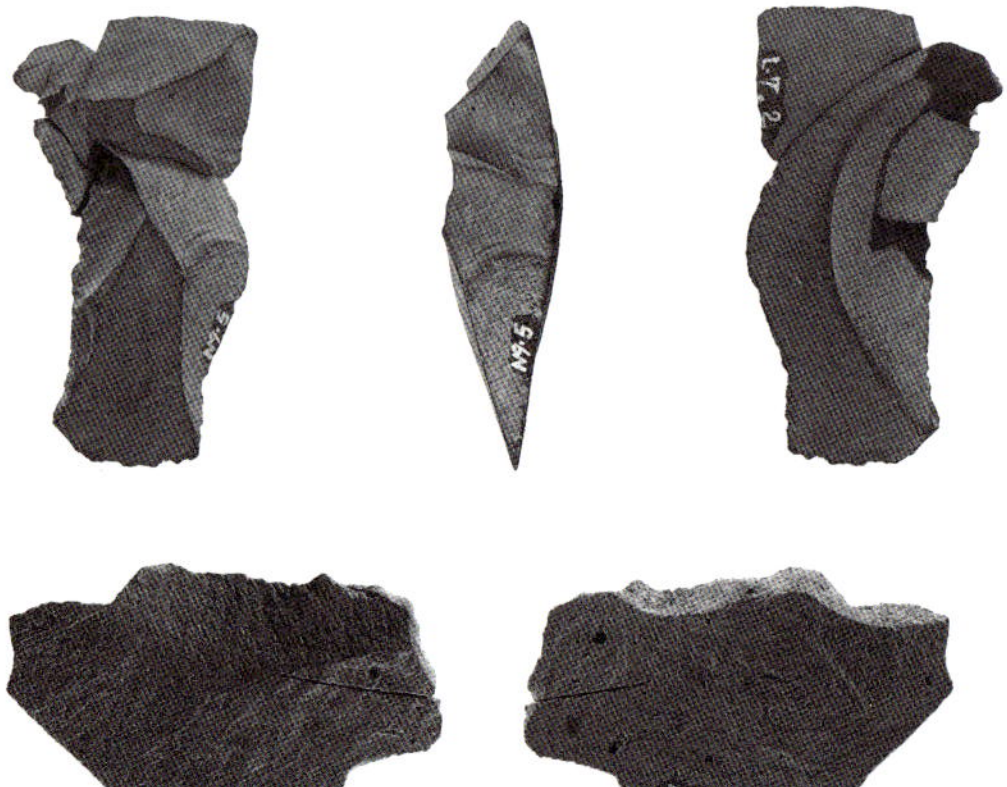

図59 ● 板井寺ケ谷遺跡（兵庫県丹波篠山市）**下位文化層出土の旧石器**
ＡＴより下位から出土。上段、下段とも底面をもつ横長剥片（上・下段とも表裏・側面の展開写真で、上段は剥片２点の接合資料）。瀬戸内技法誕生以前の石器群。

りこむことで、剥がされた目的剥片を一定のかたちにしていくものである。峯ノ阪遺跡下層の平坦剥離技術から横剥ぎ技術への移行は、扁平な素材の片面に打面を固定して反対面にむかって素材を斜めに断ち切るように剥離することにある。そしてたまたま石核の打面に二つの斜辺があった場合、その頂部を打撃すれば横長の剥片がえられることになる。

祖型として長原遺跡の石核が該当する（**図58参照**）。こうした剥離経験はある時期に一気に開花したと思われる。石器製作実験を体験すればそれほど飛躍的な思考ではないと感じられる。後期旧石器人も解剖学的には私たちと同じホモ・サピエンスなのである。

瀬戸内技法まではあともう一歩。当時の人びとの脳裏にあった剥離概念は、石核素材となる剥片の平

図60 ● 峯ノ阪遺跡（奈良県三郷町）**下層出土の旧石器**
ＡＴより下位から出土。下段左の石核と剥片の接合資料が平坦剥離技術を示す。瀬戸内技法誕生以前の石器群。

坦な主要剥離面の反対面（背面）に山形の打面を石核幅いっぱいに形づくって、その頂部を打撃して翼状剥片をえる、その後打面形状の修正をはかりながら打点を後退させつつ翼状剥片を量産する、そして翼状剥片の打面側を主要剥離面から打ち欠いて整形、除去することで国府型ナイフ形石器を完成させる、というものであったろう。

２　自然環境の変動と狩猟の変化

最終氷期の最寒冷期

この瀬戸内技法の成立、普及は、おそらく自然環境の変動に連動した人びとの狩猟行動の変化がもたらした必然であったろう。

日本列島は、ＡＴ降灰ごろから寒冷な時期に突入する（海洋酸素同位体ステージ２＝ＭＩＳ２とよばれる）。

近年、世界各地の海洋からえられた深海底コアやグリーンランドや南極の氷床コアの解析が進み、過去の気候システムの変化や古気候・古環境、過去の気温や大気の成分などを推定・復元することができるようになってきている。それによると最終氷期の最寒冷期はステージ２（だいたい二万年前〜三万年前あたり）で、ステージ３はその直前のやや温暖な時期である。

現在のところＡＴ降灰前後に瀬戸内技法が成立した可能性があり、ステージ３終焉のころしだいに寒冷・乾燥化しつつあった時期に相当する。姶良Tn火山灰（ＡＴ）の年代は最新データ

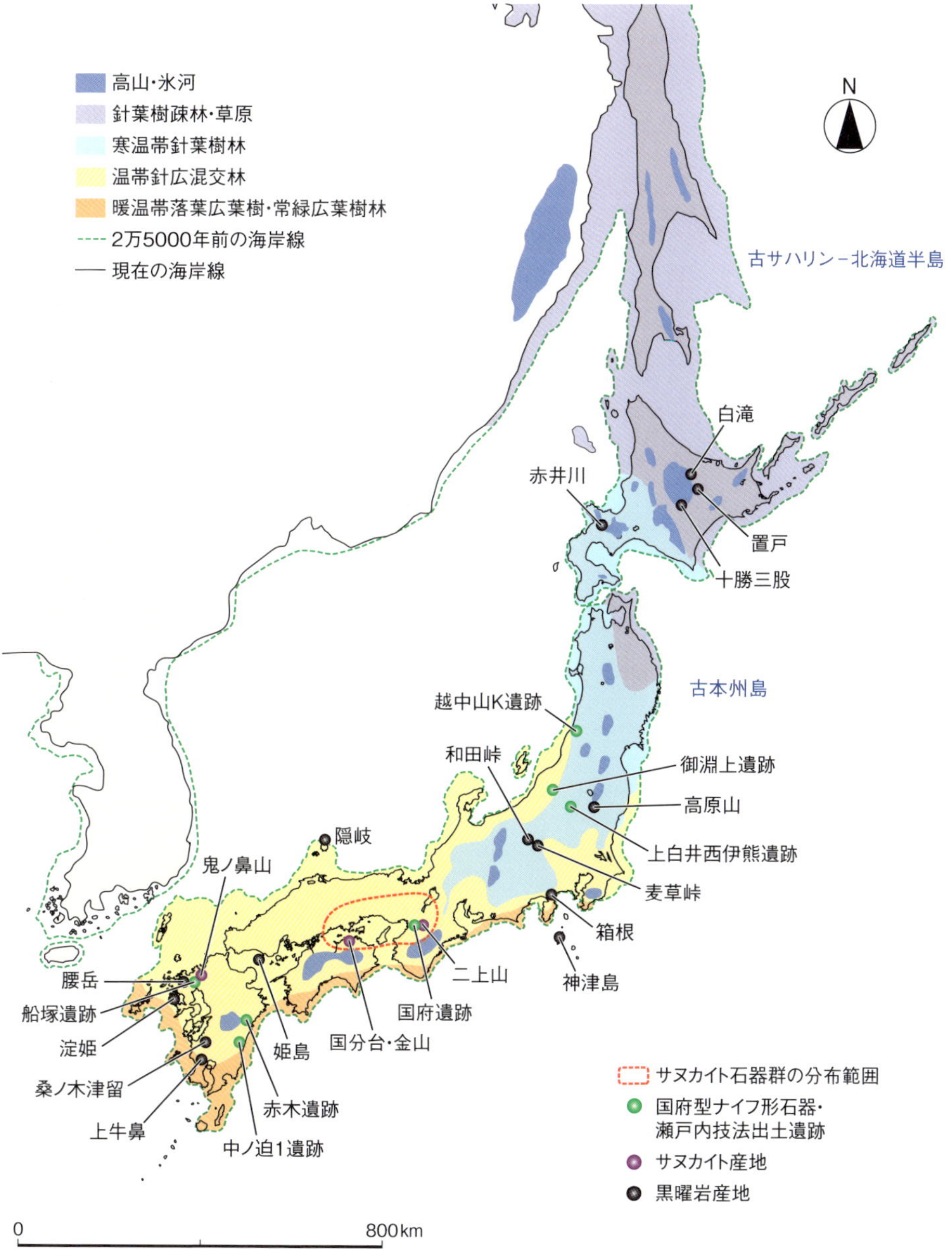

図61 ● 最終氷期最寒冷期（ステージ2）の古本州島と古サハリン－北海道半島
当時の海岸線、植生、石材産地（サヌカイトと黒曜岩のおもな産地）、旧石器遺跡（瀬戸内技法が波及したおもな遺跡）、サヌカイト石器群の主要部を描いている。

では約三万年前（30,009±189cal yr BP）という。
この時期には大陸氷河の拡大でより海退し、本州、四国、九州は一つにつながった島になった（古本州島とよばれる、**図61**）。また朝鮮海峡と津軽海峡は狭い水道と化し、対馬暖流が日本海へ流入しづらくなった。日本海での水蒸気の発生が減退、降水量も減少したことでより乾燥気候となったのではないかといわれている。

瀬戸内低地の環境変化と狩猟の変化

ステージ2の海退は、現在よりも一〇〇メートル以上も海面が低下していたといわれている。日本列島で近畿中部の大阪湾から瀬戸内海にかけては干上がって内陸と化し、内帯、外帯の山地にはさまれてここかしこで草原の景観が増したのではなかろうか。

現在の播磨灘、大阪湾、紀伊水道には広大な平原があらわれた。現在の海底にも多くの遺跡が眠っているのであろうが、いまのところ鳴門海峡に架かる大鳴門橋の橋脚部分のボーリング・コアから剥片一点出土した以外にはみつかっていない。

この寒冷で乾燥した気候のステージ2の時期、その植生はどうだったのであろうか。高原光（現・京都府立大学大学院教授）らの研究によれば、滋賀県琵琶湖の湖底をボーリングしてえた堆積物を花粉分析した結果、ＡＴが降灰する直前にイネ科、直後にカヤツリグサ科などの草本花粉が急増している。この時期はステージ2がはじまるころで、台地上は多少の樹林はあっても主として乾燥に強い草本類が分布していたと考えられている。こうした草原が卓越する景観は、瀬戸内周辺をはじめ古本州島各地に点在していたらしい。

樹木の低減で見晴らしが良好になったことから、中型の陸棲哺乳動物の狩猟がより容易になったと推察される。そこに、より大形の槍の穂先への渇望が生じ、国府型ナイフ形石器の誕生があったと想定されよう。なお、ナウマンゾウやオオツノジカなどの大型陸棲哺乳動物も当初は棲息していたであろうが、その個体数は著しく減少しつつあった。

ここに瀬戸内技法を技術基盤とした国府石器群が成立したのである。先端を尖らせた狩猟具としての国府型ナイフ形石器は投槍器《とうそうき》の使用も想定しながら投げ槍として開発されたと考えている。そして、古本州島内に瀬戸内技法は拡散するのである。

二上山文化としての瀬戸内技法

ところで、瀬戸内技法は国府型ナイフ形石器を量産するが、石材の有効利用という面からみると、効率的とはいえない。翼状剥片を剥離するために山形の打面を形成する剥片はほとんど打ち捨てられるし、翼状剥片石核や盤状剥片石核はそのまま遺棄《いき》される。接合資料から推定される翼状剥片の剥離枚数は、一つの翼状剥片石核から平均五〜六枚程度である。

たとえば、幼児の頭大の原礫から盤状剥片が四枚えられたとして、そこから二〇〜二四本の国府型ナイフ形石器が生産されるにすぎない。製作中の失敗をまったく考慮しないでこの程度の生産性である。これで一つの原礫を消耗するのである。

石材容量にたいして生産効率の低い瀬戸内技法が成立したのは、サヌカイトが潤沢な石材原産地である二上山北麓遺跡群のなせるワザである。当時の旧石器集団のリスク低減（回避）戦略、効率的生存戦略からいって二上山地域から何十キロも遠隔地で瀬戸内技法が生まれたとは考えがたい。このことが瀬戸内技法を「二上山文化」と称するゆえんである。

ただし、瀬戸内技法は四国香川県（讃岐）の国分台遺跡群からも多量にみつかっている。両者の帰属年代の先後関係が不明であるため、一元的出現なのか多元的出現なのかを決定することは現状では困難である。もし二上山北麓遺跡群が国分台遺跡群よりも先に瀬戸内技法が成立したとすれば、起源地は二上山地域と一元的に理解できるが、両遺跡群の瀬戸内技法成立の年代が同一であったならば、両遺跡群あるいはその中間地も起源地として多元的出現を考えなければならない。いまのところ、蛍光Ｘ線分析によるサヌカイト産地推定の結果ではおおむね兵庫県の東播地域以西が讃岐産、以東が二上山産の分布範囲とされていることから、近畿地方とそれ以東へ拡散した瀬戸内技法を「二上山文化」の波及・普及と理解しておく。

3　瀬戸内技法の拡散

瀬戸内技法の拡散

古本州島では後期旧石器時代初頭は、比較的均一な石器群が広がっていたようだ。「台形様《だいけいよう》石器」と一括される石器をメルクマールとする。その後、石刃技法によるナイフ形石器が出現し、ＡＴの降灰となる。近畿中部では第１・２段階の時期である。

ＡＴ降灰以降になると、古本州島には石器群の地域性が顕著になることがわかっている。九州では剝片尖頭器、角錐状石器が盛行する。瀬戸内・近畿中部ではサヌカイトの瀬戸内技法の卓越、関東は多様な形態のナイフ形石器、角錐状石器ののち石刃素材の茂呂型《もろがた》ナイフ形石器がめだち、さらに中部高地を含めて槍先形尖頭器が出現する。東北は珪質頁岩の石刃製基部加工石器（東山系・杉久保系石器群）が盛用される。

　このような地域性発現のなかで、瀬戸内技法・国府型ナイフ形石器は当初の地域を越えて拡散していく（**図61・次頁コラム参照**）。まず、当時の社会的要請に応えて誕生した槍の穂先としての国府型ナイフ形石器は、温帯性草原の近畿中部から瀬戸内地域一帯に急速に普及していく。それは、二上山と讃岐・国分台という二大サヌカイト原産地を控えたサヌカイト石器文化圏の地域と整合する。

　瀬戸内技法がこの地域を越えて拡散するのは、関東以西にモザイク状に広がっていた温帯性草原景観への適応行動であったのだろうか。現在のところ北は日本海側の山形県南部（越中《えっちゅう》山《やま》Ｋ遺跡）、南は宮崎県（赤木《あかぎ》遺跡・中ノ迫《なかのさこ》１遺跡など）までの地域で確認されている。

各地の遺跡と「二上山文化」集団

　各遺跡で瀬戸内技法を含めた有底横長剝片剝離技術のあり方はそれぞれで、「二上山文化」集団が直接関与していたのか、集団間のネットワークを通じて波及していったのかは各事例で検討の余地がある。越中山Ｋ遺跡は珪質頁岩や凝灰質砂岩などを石材とし、なかには石刃技法

瀬戸内技法の出土するおもな遺跡

越中山K遺跡　山形県鶴岡市の標高約一〇〇メートルの河成段丘上に立地する。国府型ナイフ形石器をはじめとする瀬戸内技法の接合資料が、東北地方特有の石刃石器群にともなって出土した。珪質頁岩や凝灰質砂岩を石材とする。現在、瀬戸内技法がもっとも北方まで波及した遺跡である。

御《み》淵《ふち》上《がみ》遺跡　新潟県三条市の五十嵐川（信濃川支流）流域の河成段丘上に立地する。標高は約一二〇メートル。槍先形尖頭器の石器群といっしょに国府型ナイフ形石器をはじめとする一連の瀬戸内技法関連遺物が多数出土した。輝緑凝灰岩と輝石安山岩を石材とする。瀬戸内技法の日本海側波及ルート上の主要遺跡である。

上《かみ》白《しろ》井《い》西《にし》伊《い》熊《くま》遺跡　群馬県渋川市の利根川をのぞむ河成段丘上に立地する。標高は約二三〇メートル。黒色安山岩と黒色頁岩製の瀬戸内技法の接合資料が多数出土した。ほぼ原礫まで接合できた資料もある。関東地方北部まで確実に瀬戸内技法が波及していたことがわかった。日本海側から瀬戸内技法をもつ旧石器集団が南下してきたのであろう。

国府遺跡　すでに述べたように国府型ナイフ形石器の「国府型」の名はこの遺跡にちなんでいる（標式遺跡）。大阪府藤井寺市の石川左岸の河成段丘上に立地する。標高は二三メートル前後。ここから出土したサヌカイトの石器群を研究してわかった石器製作法を「瀬戸内技法」と名づけた。現在、国指定史跡である。

船塚《ふなづか》遺跡　佐賀県神埼市の標高約四〇メートルの河成段丘上に立地する。九州地方特有のナイフ形石器や剝片尖頭器、台形石器といっしょに国府型ナイフ形石器、翼状剝片、翼状剝片石核という瀬戸内技法関連遺物が出土した。近くにサヌカイト産地をひかえているため、瀬戸内技法はサヌカイト製である。瀬戸内技法の西方波及の主要遺跡。

赤木遺跡　宮崎県延岡市の五ヶ瀬川左岸の丘陵上に立地する。標高は約五〇メートル。流紋岩を石材とし、九州地方特有のナイフ形石器、剝片尖頭器、角錐状石器といっしょに原礫近くまで接合した瀬戸内技法の接合資料がみつかった。

中ノ迫1遺跡　宮崎県川南町の標高約一二〇メートルの段丘上に立地する。国府型ナイフ形石器をはじめとする流紋岩製の瀬戸内技法関連遺物が出土し、数多くの瀬戸内技法の接合資料が確認された。瀬戸内技法の西南方への波及の主要遺跡。

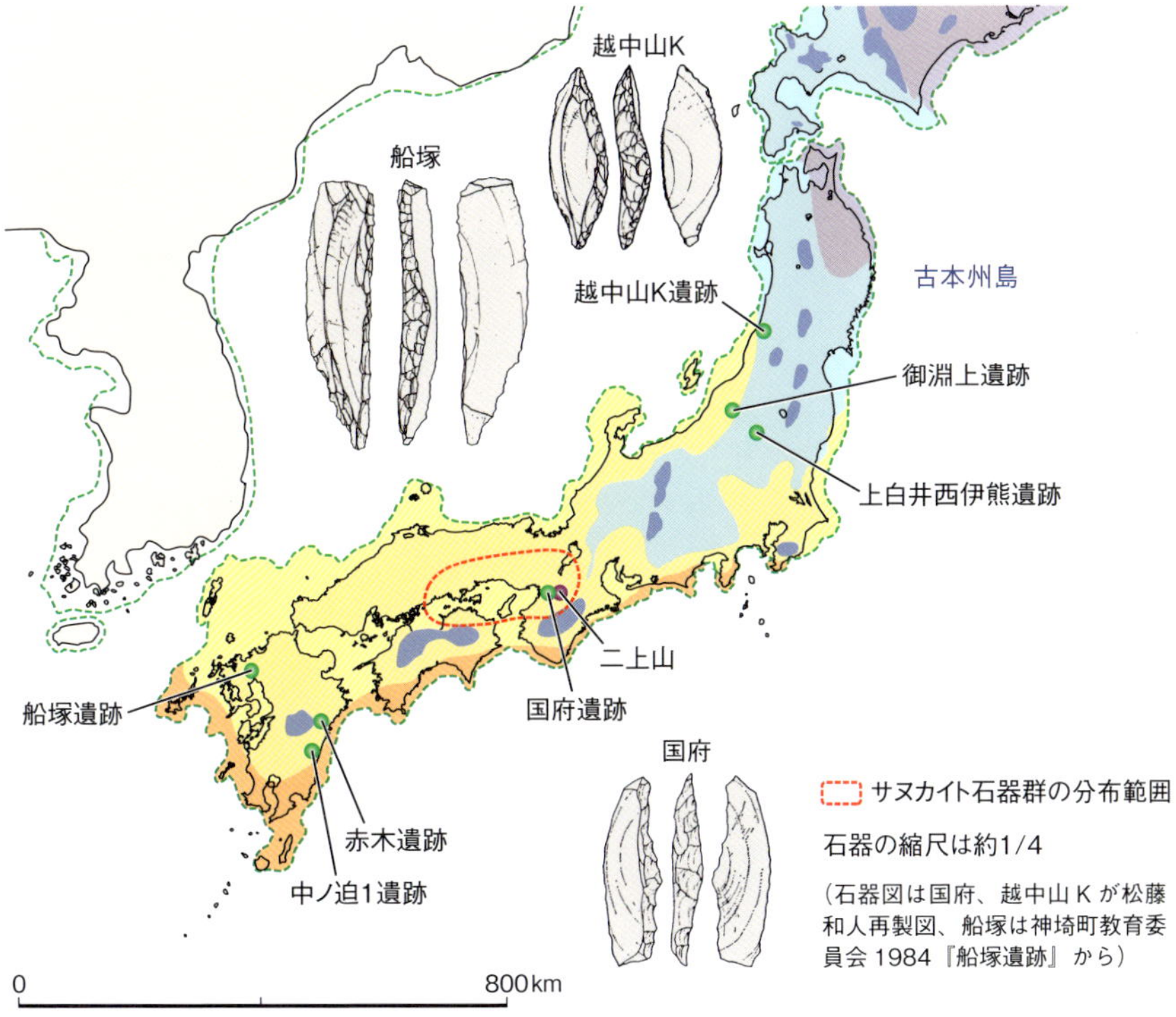

石器の縮尺は約1/4
（石器図は国府、越中山 K が松藤和人再製図、船塚は神埼町教育委員会 1984『船塚遺跡』から）

瀬戸内技法の拡散

と瀬戸内技法の同一母岩（同じ礫）での接合資料もある。

実際に瀬戸内技法を試みるのにそれほど特殊な技量が必要とは思っていない。瀬戸内技法の剝離プロセスを概念的に認知する（「頭のなか」で瀬戸内技法を立体的に思い描く）ことができれば再現可能である。二上山北麓遺跡群でみられる瀬戸内技法から多少逸脱しているからといって、瀬戸内出自集団ではないと即断するのは早計である。

瀬戸内技法の個々の剝離状況のちがいは石材の性状の差異が大きい。サヌカイトの場合は石の目（石理）が発達しており、第1工程では板状の大形剝片を剝離しやすいが、たとえば宮崎県の石材、無斑晶流紋岩《むはんしょうりゅうもんがん》やホルンフェルスは比較的小形の剝片が翼状剝片石核に転用されている。山形の打面調整も底面に接する部分までていねいには施されず非常に粗い。いきおい石核をえぐりこむような剝離となり、薄身の横に長いきれいな翼状の剝片はえられない。

これは瀬戸内技法の概念を知らない地域集団のワザなのではなく、石理の発達しない硬質の石材の性状に基因しよう。赤木遺跡（延岡市）の接合資料をみるかぎり、瀬戸内技法の概念は十分認知できていたと判断される。

4　石材原産地遺跡群の研究視点

二上山北麓遺跡群は大阪都市圏の近郊に位置するため、ここ四〇年間に各種の開発行為が頻出してきた。構成する遺跡のほとんどは標高一五〇メートル以下の比較的低い場所に立地していることから、遺跡破壊の憂目にも頻繁に遭遇している。遺物や遺構が良好に保存された遺跡の存在は今後そう多くを望めないかもしれない。

その立地と土地利用の特性から良好な地層堆積や原位置的石器群の把握は望めそうにない。こうした遺跡は、仔細な編年的研究や微視的な行動復元をするには決定的に情報量が不足している。そこで、一連の行動が集積した遺物群として理解し（遺跡は総じて個別行動の結果が集積しているといえよう）、その集積行動の復元を実験考古学の成果も交えて究明する。その行動の結果（石製遺物群一式）を周辺遺跡の石器群と比較可能な情報として再構築すべきであろう。

つまり、石器製作や石材流通をとおした集団の動態にせまる研究である。このような視点から、これからの二上山北麓遺跡群研究の方向性を模索できないであろうか。本書の主要テーマの瀬戸内技法も「旧石器集団の動態」とからめた研究の進展に期待したい。

旧石器時代を主眼に先史時代の石材原産地遺跡研究に先見的、果敢に挑んだ『ふたがみ』をみならい、今後も研究情報を発信しつづける二上山北麓遺跡群でありたい。

おもな参考文献

石野博信　二〇一四『今、古代大和は』奈良新聞社

イニザン，M.・L.・H.ロシュ・J.ティクシェ（大沼克彦・西秋良宏・鈴木美保訳）一九九八『石器研究入門』クバプロ

橿原考古学研究所　一九五七「二上山文化総合調査」『奈良県文化財要覧（昭和三〇～三一年版）』

旧石器文化談話会編　一九八二『旧石器考古学』二五「二上山の石器文化」小特集

旧石器文化談話会編　二〇〇七『旧石器考古学辞典〈三訂版〉』学生社

佐藤隆春・冨田克敏・佐藤良二・茅原芳正　二〇〇九「サヌカイト溶岩と共存する無斑晶質安山岩のマグマ沸騰現象―二上層群、春日山安山岩溶岩の産状―」『地球科学』六三巻三号

佐藤宏之・山田　哲・出穂雅実　二〇一一「旧石器時代の狩猟と動物資源」『野と原の環境史』（シリーズ日本列島の三万五千年―人と自然の環境史第二巻）文一総合出版

佐藤良二　二〇〇五「近畿における原産地遺跡研究の現状―二上山北麓遺跡群について―」『旧石器考古学』六七

佐藤良二・金成太郎・上峯篤史　二〇一六「桜ヶ丘第一地点遺跡出土黒曜岩製遺物の原産地推定」『ふたかみ　二五』香芝市二上山博物館

佐藤良二・絹川一徳　一九九九「石材原産地と石器石材流通研究」『旧石器考古学』五八

佐藤良二・絹川一徳　二〇一〇「近畿地方」『講座日本の考古学一　旧石器時代（上）』青木書店

佐藤良二編　二〇〇四『鶴峯荘第一地点遺跡―二上山北麓におけるサヌカイト採掘址の調査―』（香芝市文化財調査報告書第五集）香芝市教育委員会

杉原荘介編　一九六五『日本の考古学Ⅰ　先土器時代』河出書房

高野　学・高橋章司編　二〇〇一『翠鳥園遺跡発掘調査報告書―旧石器編―』羽曳野市教育委員会

高原　光　二〇一四「花粉分析による植生変動の復元」『地球環境変動の生態学』（シリーズ現代の生態学２）共立出版

同志社大学旧石器文化談話会編　一九七四『ふたがみ―二上山北麓石器時代遺跡群分布調査報告―』学生社

奈良県立橿原考古学研究所編　一九七九『二上山・桜ヶ丘遺跡―第一地点の発掘調査報告―』奈良県教育委員会

濱田耕作　一九〇〇「南河内地方に於ける石器時代遺蹟と古墳」『東京人類學雜誌』一五巻一七四号

樋口清之　一九三一「大和二上石器製造遺蹟研究」『上代文化』四・五合併号

松藤和人　一九七八「土器以前の文化」『大阪府史　第一巻古代編Ⅰ』大阪府

藁科哲男・東村武信　一九八八「石器原材の産地分析」『鎌木義昌先生古稀記念論集　考古学と関連科学』鎌木義昌先生古稀記念論集刊行会

香芝市二上山博物館

・奈良県香芝市藤山1丁目17―17
　ふたかみ文化センター１階
・電話　０７４５（７７）１７００
・開館時間　９：00〜17：00（入館は16：30まで）
・休館日　月曜日（国民の祝日、振替休日にあたる場合は翌日以降最も近い平日）、年末年始（12月28日〜１月4日）
・入館料　一般２００円、高校・大学生１５０円、小・中学生１００円（特別展開催期間中は別料金）
・交通　ＪＲ和歌山線「香芝駅」より西へ徒歩約10分。近鉄大阪線「下田駅」より西へ徒歩約7分。車で西名阪自動車道「香芝ＩＣ」より南へ約10分

常設展では「二上山と三つの石〜よみがえる旧石器時代〜」をキャッチフレーズに、かつて火山活動を繰りひろげていた二上山地域が生み出した三つの石、サヌカイト、凝灰岩、金剛砂（ザクロ石）を親しみやすく、視覚にうったえた展示をしている。とくに旧石器展示は鶴峯荘第一地点遺跡土坑２出土品をはじめ、二上山北麓遺跡群の発掘資料とともに日本列島各地の旧石器資料も多数出品しており、全国的視野から旧石器時代の特徴をうかがい知ることができる。

香芝市二上山博物館・サヌカイトの展示

奈良県立橿原考古学研究所附属博物館

・２０１９年現在、改修工事で休館中以下は休館前の情報
・奈良県橿原市畝傍町50―２
・電話　０７４４（２４）１１８５
・開館時間　９：00〜17：00
・休館日　月曜日（休日にあたる場合は翌日）、年末年始（12月28日〜１月4日）、臨時休館日（年に数日）
・入館料　一般４００円、高校・大学生３００円、小・中学生２００円（特別展開催期間中は別料金）
・交通　近鉄橿原線「畝傍御陵前駅」より西へ徒歩約5分。近鉄南大阪線「橿原神宮前駅」より北へ徒歩約15分。車で京奈和自動車道「橿原北ＩＣ」より東へ約15分、また南阪奈道路「葛城ＩＣ」より東へ約20分

常設展「大和の考古学」の旧石器時代コーナーに、同志社大学旧石器文化談話会の『ふたがみ』に掲載された奈良県側の旧石器資料や桜ヶ丘一地点遺跡第一次調査の発掘資料を展示。

遺跡には感動がある

――シリーズ「遺跡を学ぶ」刊行にあたって――

「遺跡には感動がある」。これが本企画のキーワードです。

あらためていうまでもなく、専門の研究者にとっては遺跡の発掘こそ考古学の基礎をなす基本的な手段です。また、はじめて考古学を学ぶ若い学生や一般の人びとにとって「遺跡は教室」です。

日本考古学では、もうかなり長期間にわたって、発掘・発見ブームが続いています。そして、毎年厖大な数の発掘調査報告書が、主として開発のための事前発掘を担当する埋蔵文化財行政機関や地方自治体などによって刊行されています。そこには専門研究者でさえ完全には把握できないほどの情報や記録が満ちあふれています。しかし、その遺跡の発掘によってどんな学問的成果が得られたのか、その遺跡やそこから出た文化財が古い時代の歴史を知るためにいかなる意義をもつのかなどといった点を、莫大な記述・記録の中から読みとることははなはだ困難です。ましてや、考古学に関心をもつ一般の社会人にとっては、刊行部数が少なく、数があっても高価なその報告書を手にすることすら、ほとんど困難といってよい状況です。

いま日本考古学は過多ともいえる資料と情報量の中で、考古学とはどんな学問か、また遺跡の発掘から何を求め、何を明らかにすべきかといった「哲学」と「指針」が必要な時期にいたっていると認識します。

本企画は「遺跡には感動がある」をキーワードとして、発掘の原点から考古学の本質を問い続ける試みとして、日本考古学が存続する限り、永く継続すべき企画と決意しています。いまや、考古学にすべての人びとの感動を引きつけることが、日本考古学の存立基盤を固めるために、欠かせない努力目標の一つです。必ずや研究者のみならず、多くの市民の共感をいただけるものと信じて疑いません。

二〇〇四年一月

戸沢　充則

著者紹介

佐藤良二（さとう・りょうじ）

1956年、島根県八束郡東出雲町（現・松江市）生まれ。

花園大学文学部史学科卒業。

奈良県立橿原考古学研究所調査課嘱託、奈良県香芝市教育委員会生涯学習課文化財係、香芝市二上山博物館学芸員を経て、香芝市を2016年3月定年退職。現在、同人会旧石器文化談話会事務局長。

おもな編著は『鶴峯荘第1地点遺跡―二上山北麓におけるサヌカイト採掘址の調査―』香芝市教育委員会（2004)、「二上山麓の瀬戸内技法―瀬戸内技法研究と鶴峯荘第1地点遺跡―」『橿原考古学研究所紀要　考古學論攷』第9集（2005）など。分担執筆は『旧石器考古学辞典〈三訂版〉』学生社（2007)、『講座日本の考古学1―旧石器時代（上）―』青木書店（2010)。

写真提供（所蔵）
図4：田原本町教育委員会／図5・12・14・18・19・20・23・24（上）・25・26・27（上）・28・29・30・32・33・34・35・36・45・49・50（上）・博物館紹介：香芝市教育委員会／図6：福井県立若狭歴史博物館／図9：藤井寺市教育委員会／図13：太子町立竹内街道歴史資料館／図37・38・39・40・41：松藤和人／図53：羽曳野市教育委員会／図58：一般財団法人大阪市文化財協会／図59：兵庫県立考古博物館／図60：奈良県立橿原考古学研究所附属博物館
図版出典・参考（一部改変）
図2・17：国土地理院2万5千分の1地形図「大和高田」を下図に著者作成／図10：松藤和人 1978／図11・27（下）・31・50（下）・51・52：佐藤良二編 2004／図21・24（下）：香芝市二上山博物館編 1999『香芝市埋蔵文化財発掘調査概報11』／図22・47：奈良県立橿原考古学研究所編 1979／図42：松沢亜生 1984「古代人の石器」『別冊歴史読本 目で見る時代考証シリーズ第5号』新人物往来社／図43：鎌木義昌 1960「先縄文文化の変遷」『図説世界文化史大系20』角川書店／図44：松藤和人 1986「旧石器時代人の文化」『日本の古代4』中央公論社／図48：佐藤良二 2005「二上山麓の瀬戸内技法」『橿原考古学研究所紀要 考古学論攷第9集』／図54：高野　学・高橋章司編 2001／図55：イニザン,M.-L.ほか（大沼克彦ほか訳）1998／図56・57：佐藤良二・絹川一徳 2010／図61・コラム：佐藤宏之・山田　哲・出穂雅実 2011を下図に著者作成
上記以外は著者

シリーズ「遺跡を学ぶ」136

サヌカイトに魅せられた旧石器人　二上山北麓《にじょうさんほくろく》遺跡群

2019年 8月 10日　第1版第1刷発行

著　者＝佐藤良二

発行者＝株式会社 新 泉 社

東京都文京区本郷2－5－12
TEL 03（3815）1662／FAX 03（3815）1422
印刷／三秀舎　製本／榎本製本

ISBN978－4－7877－1936－2　C1021

シリーズ「遺跡を学ぶ」

第1ステージ（各1500円＋税）

09 氷河期を生き抜いた狩人　矢出川遺跡　堤　隆
12 北の黒曜石の道　白滝遺跡群　木村英明
14 黒潮を渡った黒曜石　見高段間遺跡　池谷信之
25 石槍革命　八風山遺跡群　須藤隆司
27 南九州に栄えた縄文文化　上野原遺跡　新東晃一
30 赤城山麓の三万年前のムラ　下触牛伏遺跡　小菅将夫
37 縄文文化の起源をさぐる　小瀬ヶ沢・室谷洞窟　小熊博史
59 武蔵野に残る旧石器人の足跡　砂川遺跡　野口　淳
64 新しい旧石器研究の出発点　野川遺跡　小田静夫
65 旧石器人の遊動と植民　恩原遺跡群　稲田孝司
68 列島始原の人類に迫る熊本の石器　沈目遺跡　木崎康弘
70 縄紋文化のはじまり　上黒岩岩陰遺跡　小林謙一
89 狩猟採集民のコスモロジー　神子柴遺跡　堤　隆
92 奈良大和高原の縄文文化　大川遺跡　松田真一
100 「旧石器時代」の発見　岩宿遺跡　小菅将夫
別01 黒耀石の原産地を探る　鷹山遺跡群　黒耀石体験ミュージアム
別02 ビジュアル版旧石器時代ガイドブック　堤　隆
別03 ビジュアル版縄文時代ガイドブック　勅使河原彰

第2ステージ（各1600円＋税）

104 島に生きた旧石器人　沖縄の洞穴遺跡と人骨化石　山崎真治
107 琵琶湖に眠る縄文文化　粟津湖底遺跡　瀬口眞司
110 諏訪湖底の狩人たち　曽根遺跡　三上徹也
113 縄文のタイムカプセル　鳥浜貝塚　田中祐二
129 日本海側最大級の縄文貝塚　小竹貝塚　町田賢一
133 縄文漆工芸のアトリエ　押出遺跡　水戸部秀樹